HOLGER HENNERSDORF

HUMAN EXTINCTION

Das Aussterben der Menschheit oder
Wie wir uns selbst vernichten

novum pro

Dieses Buch ist auch als
e-book
erhältlich.

www.novumverlag.com

Bibliografische Information
der Deutschen Nationalbibliothek:

Die Deutsche Nationalbibliothek
verzeichnet diese Publikation in
der Deutschen Nationalbibliografie.
Detaillierte bibliografische Daten
sind im Internet über
http://www.d-nb.de abrufbar.

Gedruckt in der Europäischen Union
auf umweltfreundlichem, chlor- und
säurefrei gebleichtem Papier.

© 2024 novum Verlag

ISBN 978-3-99146-609-3
Lektorat: Sandra Fantner
Umschlagfotos: Chernetskaya,
Aurelko I Dreamstime.com
Umschlaggestaltung, Layout & Satz:
novum Verlag
Innenabbildungen:
siehe Bildquellennachweis S. 135

www.novumverlag.com

Druckprodukt mit finanziellem
Klimabeitrag
ClimatePartner.com/16547-2311-1001

Inhaltsverzeichnis

Prolog

Ich bin weder ein Radikaler, Querdenker noch Verschwörungstheoretiker. Ich bin ein einfacher Mensch, der versucht, das Gesamtbild zu sehen (über den Tellerrand hinauszublicken), welches in vielen Fällen – meiner Meinung nach – übersehen wird. Diese Dinge versuche ich darzustellen sowie zum Denken zu inspirieren und vielleicht gibt es Menschen, die sich dann endlich einmal zusammenschließen, um etwas zu ändern.

Andere haben die Macht, das Geld, um dies zu bewirken, damit es uns allen auf diesem Planeten besser geht.

In Filmen wird immer so schön gesagt: „Ein Mensch kann die Welt verändern"; leider wird es nicht funktionieren, denn die Menschen, die das Geld und die Macht haben, wollen an diesem festhalten, wodurch Veränderungen für alle schwer werden. Ein Mensch kann der Anstoß für Veränderungen (ein Umdenken) sein, ja; alleine all die Schwierigkeiten bewältigen kann er nicht, dafür fehlt dem Einzelnen der Einfluss, dies schaffen wir nur als Gemeinschaft.

Ich werde mich bestimmt mehrfach wiederholen, da all die Themen nicht voneinander trennbar sind.

01 - Einleitung

Wir schreiben das Jahr 2022 nach Christus.
Willkommen im 21. Jahrhundert voller Mysterien, Lügen und unheimlicher Vorgänge.

Willkommen im digitalen Zeitalter, in dem wir Menschen mehr Zeit im Internet (Facebook, Instagram und Co) verbringen und uns die Fake News (Lügen, die uns nur noch so um die Ohren gehauen werden) anschauen und uns beeinflussen lassen.
In der heutigen Zeit ist es wichtiger, seine Lebensweisheiten, sein Verhalten und Lügen schnell in der ganzen Welt zu verbreiten (was uns durch soziale Medien leicht fällt) und sich nicht auf die Dinge zu konzentrieren, die uns alle angehen.

Kinder gehen auf die Straßen und fordern nicht wie vor Jahren „Stoppt den Krieg" (obwohl das wahrscheinlich derzeitig auch stattfindet), nein, sie gehen auf die Straßen und wollen einen Wandel. Einen ökologischen Wandel wie im Klimavertrag von Paris (2015) beschlossen wurde, der nicht nur ein Land, einen Kontinent, sondern die ganze Welt zu einem besseren Ort machen könnte.

Egal, weswegen wir auf die Straße gehen, um zu zeigen, was uns wichtig ist. Viele Dinge würden wir durch unseren Unmut nicht verändern.

Wir haben in den letzten Jahren so viele Fortschritte gemacht, ob in der Technik, Biologie, Chemie, die uns theoretisch helfen können. Auch haben wir durch Forscher (Archäologen, Klimaforscher, Historiker etc.) viel über die Vergangenheit und den Zusammenhang von Einflüssen (Industrie) auf das Klima gelernt.

Als Mensch, der in Europa geboren wurde, stehen mir natürlich nicht alle globalen Informationen zur Verfügung, aber viele Dinge, die in unserer Welt Aufsehen erregen, sind den meisten Menschen bekannt. Ob es Ägypten mit den Pharaonen ist, oder ob es merkwürdige Berichte über Attentate, unbekannte Flugkörper etc. sind.

Selbst in diesem digitalen Zeitalter, wo man eigentlich denken sollte, dass die Menschen sich nicht nur über ihre Essgewohnheiten oder darüber, was sie gerade machen, austauschen, sollte man annehmen, dass wir aus der Vergangenheit dank der vielen Forscher (und davon gibt es eine Menge) gelernt haben.

Das Gegenteil ist der Fall, wir haben nichts gelernt. Wir sehen immer nur einen sehr kleinen Teil des Ganzen und erkennen oft die Zusammenhänge mit anderen Dingen nicht, ob normaler Bürger oder Forscher, aus welchem Bereich auch immer.

Uns werden Dinge für „SUPER" verkauft, aber schauen wir einmal genauer hinter die Fassade, merken wir mit ein wenig Menschenverstand doch sehr schnell, dass dieses „SUPER" kein super ist, sondern nur eine Interpretation von Dingen, um etwas schönzureden, Geld zu machen oder Macht zu haben.

Ich bin mit Captain Future, Star Wars, Star Trek und Babylon 5 aufgewachsen; auch wenn diese Geschichten für Fiktion (eben eine Geschichte) gehalten werden, so kann man doch etwas aus diesen Dingen lernen und NEIN, wir haben es nicht gelernt.

In den folgenden Kapiteln möchte ich diese Dinge etwas genauer durchleuchten und nein, ich weiß nicht alles, ich habe mir nur meine Gedanken gemacht und versucht, etwas über den Tellerrand zu schauen, und habe dadurch einen anderen Blickwinkel bekommen, der einem hilft, die Dinge zu verstehen.

Wie diese Dinge geändert werden können, steht wie so oft in der Geschichte unserer Welt auf einem anderen Blatt.

Es hört sich schön an, wenn in Filmen gesagt wird, „ein Mensch" könne die Dinge verändern, nur leider ist dies in der Wirklichkeit gar nicht möglich.

Wir müssen globaler denken! Nicht mein Dorf, meine Stadt, mein Land, mein Kontinent, sondern unser wundervoller Planet steht auf dem Spiel. Und nicht nur unser Planet, auch wir Bewohner dieses Planeten. Alles greift doch irgendwie ineinander, wie bei einem Uhrwerk. Geht ein Zahnrad kaputt und wird nicht ersetzt, dann bleibt die Uhr stehen oder funktioniert nicht mehr richtig.

Wir müssen in einem digitalen Zeitalter, in dem Informationen innerhalb von Sekunden von einem Ende der Welt zum anderen wandeln, lernen, miteinander zu reden, zu kommunizieren und verstehen, was wir eigentlich voneinander wollen.

Die natürlichen Ressourcen unserer Welt werden irgendwann erschöpft sein, daran wird niemand auf dieser Welt etwas ändern.

Die Probleme unserer Zeit sind enorm vielfältig (es ist nicht nur ein Problem), sobald man ein wenig die Augen aufmacht und Dinge in Zusammenhang bringt, erkennt man, dass es noch sehr viel mehr Wunder auf diesem Planeten gibt. Ein wenig Denken und ein paar Inspirationen durch Dokumentationen (auch davon gibt es viele) und schon merkt man, was alles nicht ganz rund läuft. Ich rede nicht von diesem einen Land, dieser einen Regierung. Ich möchte niemanden schlecht machen, ich denke, dass viele versuchen, die Dinge zu verbessern, nur leider gibt es zu viele, die mitreden und Ideen und Vorstellungen einbringen, die wieder alles zunichtemachen.

Wir sehen es oft in der Politik: Es wird viel geredet, aber handeln wird schon schwieriger, weil jede Partei einen Teil dazu beitragen möchte; ob dies aber sinnvoll ist und das Ziel erreicht wird, ist ab diesem Moment schon Nebensache.

Bevor ich jetzt langsam auf die einzelnen Themen eingehe, möchte ich aus der Serie „Babylon 5" die Deklaration der Prinzipien erwähnen.

Da fragt man sich doch gleich, was das soll, aber vielleicht erst einmal in Ruhe lesen und drüber nachdenken, damit man den Grundstein dafür findet, was in unserer Zeit vielleicht doch nicht ganz richtig funktioniert.

Die Fernsehserie (1993-1998) „Babylon 5" (Staffel 5 Episode 3, http://www.b5wiki.de/wiki/Deklaration_der_Prinzipien_der_ Interstellaren_Allianz (21.10.2023)) ist eine Idee von J. Michael Straczynski.

Das Universum spricht in vielen Sprachen,
aber nur mit einer Stimme.
Es ist nicht die Sprache der Narn oder der Menschen
oder der Centauri oder der Gaim oder der Minbari.
Es spricht in der Sprache der Hoffnung.
Es spricht in der Sprache des Vertrauens.
Es spricht in der Sprache der Kraft und in der
Sprache der Leidenschaft.
Es ist die Sprache des Herzens und die
Sprache der Seele.
Aber es ist immer dieselbe Stimme.
Es ist die Stimme unserer Vorfahren,
die aus uns sprechen.
Und die Sprache unserer Erben,
die darauf warten, geboren zu werden.

Es ist die kleine, leise Stimme, die sagt,
dass wir alle eins sind.
Ungeachtet des Blutes, ungeachtet der Hautfarbe,
ungeachtet der Welt, ungeachtet des Planeten
sind wir eins.
Ungeachtet des Leids, ungeachtet der Finsternis,
ungeachtet der Verluste, ungeachtet der Furcht.
Wir sind eins.
Hier, vereint im Streben nach unserem gemeinsamen
Ziel, anerkennen wir hiermit die einzige Wahrheit
und die einzige Regel:
Dass wir gütig zueinander sein müssen.
Denn jede einzelne Stimme bereichert uns und adelt
uns und jede verlorene Stimme schwächt uns.
Wir sind die Stimme des Universums, die Seele
der Schöpfung, das Feuer, das uns den Weg in eine
bessere Zukunft erleuchten wird.
Wir sind eins.

Meiner Meinung fehlt da noch etwas sehr Wichtiges:

„Ungeachtet des Glaubens (Religion)"

Viele Dinge in diesen paar Sätzen könnte man bestimmt für unsere Welt (da wir ja nicht wissen, ob wir alleine im Universum sind) entsprechend verändern. Trotzdem habe ich nie etwas Besseres gehört, das aussagt, wie wir uns auf diesem Planeten und im Universum verhalten sollten.

02 – Vergangenheit

Bitte verzeihen Sie mir, wenn ich nicht alles in eine wirklich gute chronologische Reihenfolge bringe.

Unser Planet ist ja nicht erst ein paar Tage alt. Diese Welt besteht seit Millionen von Jahren.

Ich glaube, die ältesten Funde, die uns bekannt sind, sind die der Dinosaurier.

Man hat ja herausgefunden, wie sie vor langer Zeit starben, durch einen Klimawandel, durch eine Katastrophe weltweiten Ausmaßes.

Gegen solche Katastrophen waren und sind wir weder in der Vergangenheit, noch in der Gegenwart wirklich vorbereitet. Vielleicht gibt es irgendwann einmal in der Zukunft eine Möglichkeit, sich auf solche globalen Katastrophen vorzubereiten.

Ich denke, die Geschichte, die uns erzählt wird, beginnt ca. 3500 Jahre vor Christus mit den Ägyptern. Zu dieser Zeit entstand in der Geschichte etwas Einzigartiges.

Ober- und Unterägypten vereinten sich. Allerdings haben wir bis heute keine wirkliche Aussage darüber treffen können, warum es zu diesem Wandel gekommen ist. Ob ein Mensch oder eine Katastrophe zu einer Vereinigung geführt hat, bleibt auch nach mehr als 5000 Jahren ein Rätsel. Vieles sind Interpretationen oder Annahmen, die nicht wirklich belegt werden können.

Es gab viele Menschen in der Vergangenheit und Gegenwart, die durch ihre soziale oder politische Stellung etwas verändern wollten, leider haben es viele nicht geschafft (dazu in der Gegenwart mehr).

Mich hat ein Buch von Christopher Knight und Robert Lomas, „Unter den Tempeln Jerusalems – Pharaonen, Freimaurer und die Entdeckung der geheimen Schriften Jesu" (Erscheinungsdatum 01.08.2020, 560 Seiten, ISBN-13 978-3426774564), auf eine Idee gebracht.

In diesem Buch geht es um 2 Freimaurer, die die Geschichte der Rituale der Freimaurer erkunden wollen, wie sie entstanden sind; ja ich weiß, das mit diesen geheimen Organisationen (geschlossenen Organisationen) ist immer ein heikles Thema.

Allerdings muss ich sagen, dass hier nicht die Freimaurer im Vordergrund standen, sondern wirklich der Ursprung der Rituale, die für Außenstehende mehr als nur verwunderlich sind.

Denn schaut man sich dies später in dem Kontext mit den Schriftrollen des Toten Meeres an (Qumran), so ergibt es doch einen Sinn.

- **Jachin,** deutsch „gründen/befestigen/aufstellen": „Er hat gegründet."
- **Boas,** (Nebenform: ʿoz) („Macht/Stärke") verbunden mit der Präposition ב *b*, deutsch „in": „Mit Macht" oder/und – mit zusätzlichem, als Personalsuffix gedeutetem -i -ō, deutsch „ihm" – „In ihm ist Macht."
  (https://de.wikipedia.org/wiki/Jachin_und_Boas 21.10.2023)

Der Bogen, der über diese beiden Säulen gespannt wird, soll, soweit mir noch bekannt, den Wohlstand darstellen.

Stellen wir einmal eine wilde Spekulation auf, auch wenn dies bestimmt in dieser Zeit nicht einfach war, aber denkt man ein wenig darüber nach, könnte es stimmen.

Gehen wir einmal von der Annahme aus, dass die eine Säule Unterägypten darstellt und die andere Oberägypten. Ein Mensch zu dieser Zeit hatte den Gedanken, diese beiden Reiche zu vereinen. Die Säulen (im Sinnbildlichen) sind damit vorhanden. Wenn wir nun den Bogen durch den Pharao ersetzen, der ja Wohlstand darstellen sollte, so hätte man eine Kultur aufgrund eines alten vergessenen Rituals erbaut, die dann mehr als 3500 Jahre in dieser Region für Wohlstand gesorgt hat.

Irgendwie nicht sehr weit hergeholt, denn bedenken wir, welche Schätze und beachtlichen Bauten die Ägypter geschaffen haben – da fällt mir einer besonders ins Auge: Tutenchamun (Sohn von Echnaton, dessen Maske heute noch Massen an Menschen in ihren Bann zieht).

Aber zu dieser Zeit in den 3500 Jahren vor Christus gab es nicht nur die Ägypter, nein auch andere Hochkulturen waren im Mittelmeerraum angesiedelt. Die Römer und die Sumerer sind glaube ich mit die bekanntesten. Aber auch andere nicht so bekannt gewordene Kulturen gab es im Mittelmeerraum. Und nicht nur im Mittelmeerraum, überall auf der Welt entstanden Kulturen, deren Wissen über Astronomie und Architektur unser heutiges bei Weitem überstieg.

Die Frage, die sich viele bestimmt stellen: Wieso sind diese ganzen Kulturen verschwunden?

Diesen Hochkulturen ging es doch hervorragend.

Nimmt man allerdings aus heutiger Sicht einmal die Ereignisse dieser ganzen Region genauer unter die Lupe und verbindet diese mit anderen Ereignissen, könnte man verstehen, was zum Ende der Pharaonen und anderer Hochkulturen im Mittelmeerraum führte.

Zum Ende der Pharaonen zeitgleich eine neue Religion aufkam (und von diesen gibt es auf unserem Planeten sehr, sehr viele). Die Geschichte der Bibel. Jesus Christus.

In den Schriftrollen vom Toten Meer (Qumran) hat sich allerdings für mich eine Widersprüchlichkeit ergeben, denn merkwürdigerweise wird in diesen Schriftrollen Jesus als 2 Personen dargestellt. Kommt Ihnen das aus den vorherigen Sätzen ein wenig bekannt vor? Denken wir wieder an die beiden Säulen der Freimaurer, Jachin und Boas. 2-mal Jesus, einer als Jachin, einer als Boas und darüber der Bogen, der den Wohlstand symbolisiert.

Verknüpft man bestimmte Ereignisse oder Vorkommnisse, Überlieferungen (auch wenn diese zum Großteil sehr vage sind) ein wenig miteinander, so bekommt man eine völlig neue Sicht auf die Dinge. Oder wie sagt man so schön: Einfach einmal zur Seite treten und alles aus einem anderen Blickwinkel betrachten.

Wir sind leider ein wenig abgeschweift, denn dem Untergang der Hochkulturen des Mittelmeers sind wir damit nicht wirklich nähergekommen, das wird sich allerdings gleich ändern.

Wir alle kennen die Geschichte von Moses, wie er Ägypten verließ, die Katastrophen, die geschehen sind. Das Wasser wurde zu Blut, die Heuschreckenplage, der Mond, der sich vor die Sonne schob, Krankheiten, die (soweit mir bekannt ist) sich auf Ereignisse in Ägypten beziehen). Aber was wäre, wenn es einen ganz anderen Grund für dieses Ereignis gegeben hätte?

Versuchen wir einmal zu sehen, wie die Zeit zum Ende der Pharaonen war:

Die Römer haben sich verbreitet und Platon schrieb von einem Volk, welches aus Atlantis kam und sehr fortschrittlich war. Der Handel im Mittelmeerraum florierte. Die Hochkulturen dieser Region betrieben einen regen Handel und versuchten, ihre Gebiete zu erweitern.

Aber wie konnten nun diese vielen Hochkulturen, die regen Handel trieben, innerhalb weniger Jahre verschwinden?

Durch eine Dokumentation, bei der endlich ein Historiker einmal etwas über den Tellerrand geschaut hat, erkannte ich, dass es gar nicht so schwer sein kann, eine Lösung dafür zu finden, wenn die verschiedenen Forscher endlich in einem digitalen Zeitalter einmal mehr miteinander reden würden.

In dieser Dokumentation (ging es um eine globale Katastrophe, die im Mittelmeerraum stattgefunden hat) (https://www.spektrum.de/news/klimageschichte-die-megaduerre-die-vielleicht-keine-war/1981456 21.10.2023). Und vielen wird der Begriff Pompeji einfallen.

Nehmen wir einmal an, im Zentrum des Mittelmeers explodierte ein Vulkan mit globalen Auswirkungen, vermutlich sogar noch ein Unterwasservulkan. Was wären das für Folgen in dieser Zeit? Ein Unterwasservulkan würde eine riesige Flutwelle (vielleicht sogar Tsunami) erzeugen, der alle Regionen im Mittelmeerraum beeinträchtigt bzw. vernichtet hätte. Die sanitären Einrichtungen und die Landwirtschaft wären beeinträchtigt gewesen. Seuchen könnten sich ausgebreitet haben, die Ernte wäre magerer ausgefallen, der Handel, auf den sie angewiesen waren, wäre zusammengebrochen (Lieferketten wären zerstört worden). Allerdings damit nicht genug, denn nun folgte noch das, was bei den Dinosauriern passiert ist: Es wurden riesige Mengen an Staub und Asche in die Atmosphäre geschleudert. Die Welt verdunkelte sich, ein Klimawandel war die Folge. Wie sollten die Hochkulturen einen solchen Zusammenhang erkennen, wenn es selbst für uns, trotz vieler Forscher, schwer ist?

Dieser Klimawandel, den man in keiner Form verhindern konnte, veränderte das Klima und dies nicht nur im Mittelmeerraum, sondern noch viel weiter entfernt. Laut den Berichten der Forscher gab es zum Ende der Pharaonen eine Dürre, welche aufgrund der Austrocknung des Nils (das Land wurde weniger bewässert) entstanden sei. Klar, wenn eine riesige Aschewolke die Sonnenstrahlen nicht passieren lässt, dann kann das Eis nicht schmelzen, somit entstehen die benötigten Überflutungen im Bereich des Nils nicht. Hunger, Krankheiten und Bürgerkriege entstanden, da die Hochkulturen nicht mehr in der Lage waren, ihre Völker mit Nahrung und Rohstoffen zu versorgen.

Verabschieden wir uns hier von den Ägyptern und gehen ein wenig weiter in der Geschichte, die ja mit Moses zu tun hat.

Soweit mir bekannt ist, wanderten die Israeliten durch die Wüste und gründeten einen neuen Staat: Israel – abgesehen von der religiösen Bedeutung ist dies ein Ort, der viel mit dem Glauben zu tun hat.

König Salomon baute einen Tempel, in dem er angeblich die „Bundeslade" aufbewahrte. Was vielen allerdings weniger bekannt ist: Dieser Tempel war genau wie die Geschichte Ägyptens oder die Geschichte der Freimaurer. Der Eingang dieses Tempels soll ebenfalls von 2 Säulen geschmückt worden sein. Das haben wir doch schon einmal gehört, nicht wahr?

Laut den Schriftrollen vom Toten Meer (Qumran) und einer Aussage Brutus' vor der Kreuzigung Jesu, als er das Volk fragte, wer Jesus sei, soll nicht 1 Mann dort gestanden haben, sondern mindestens 2, wo wir wieder bei den symbolischen Säulen wären.

Ich möchte mich nicht zu tief in die Religionen der Welt verstricken.

Die christliche Religion sollte wie viele andere Religionen Fuß fassen.

In Israel entstand der Tempelberg, ein besonders religiöser Ort. Hier sieht das Judentum seinen Berg Zion, die Christen den Ort, an dem Jesus gestorben und wieder auferstanden ist. Die Moslems einen heiligen Ort für David. Aber wenn jede Religion doch eigentlich auf anderen Personen (Salomon, Christus und David) beruht, wie kommt es dann dazu, dass sich die größten Religionen um einen Ort streiten?

Nach König Salomon und Jesus Christus sind mir keine weiteren Aufzeichnungen bekannt, in denen die beiden Säulen der Freimaurer wieder erwähnt worden sind.

Der Tempelberg spielt in den nachfolgenden Jahren eine große Rolle (Kriege; zu diesem Thema mehr in der Gegenwart). Die Tempelritter traten auf den Plan und es wird vermutet, dass sie den Tempel von König Salomon gefunden und die Bundeslade und andere religiöse Artefakte in Sicherheit gebracht haben.

Die Geschichte zeigt uns, dass nicht nur um diesen heiligen Ort sehr viel gekämpft worden ist, nein auch in vielen anderen Teilen unserer Welt kam es zu heftigen Auseinandersetzungen und nicht nur wegen des Glaubens.

Ob wir von Karl dem Großen, Napoleon oder anderen sprechen oder uns anschauen, wie Japan in mehr als 130 Jahren Bürgerkrieg endlich eine Einheit wurde. Wir erinnern uns nur an die Kriege, weil sie Aufsehen erregen (spektakulär sind), aber von diesen gab es mehr als genug und das nicht nur in Europa, sondern auf der ganzen Welt.

Nicht nur im europäischen Raum gab es Kulturen, die „fortschrittlich" waren, in allen Teilen der Welt finden die Forscher Hinweise auf hochentwickelte Kulturen, deren Rituale für uns wie Barbarei erscheinen mögen. Ob Inka, Maya, Wikinger, Chinesen oder andere für uns unbekannte oder wenig publizierte Kulturen. So haben alle dennoch etwas gemeinsam. Sie erlebten eine Blütezeit. Hatten Wissen, welches zum Teil an die heutigen Grenzen der Wissenschaft stößt, das zudem noch sehr genau war. Wir mögen zwar viele Dinge davon nicht wirklich verstehen, aber all diese Kulturen haben Beachtliches erbracht. Seien es nun beachtliche Bauwerke, Architektur oder Mathematik, Geografie und sogar die Sternenkunde war ihnen nicht unbekannt. Einige dieser Kulturen gingen unter, wie die Pharaonen. Andere entwickelten sich weiter (Evolution) und dennoch haben sie, egal wie man es betrachten möchte, Monumente für die Ewigkeit hinterlassen.

Die Menschen entwickelten sich, wir wurden „zivilisierter". Wir hatten die Pest überlebt und wahrscheinlich noch sehr viele andere Krankheiten. Aber haben wir daraus etwas gelernt? Meiner Meinung nach: NEIN. Kriege, Konflikte, Lügen nahmen zu.

Irgendwann war uns Menschen dies anscheinend nicht mehr genug, oder vielleicht nur einer Person, denn die meisten Kriege und Konflikte waren zwischen 2 Nationen, aber jetzt begann ein Weltkrieg (der Erste). Ich habe mich mit diesem nicht sehr viel beschäftigt, aber wenn man sich vorstellt, dass wir Jahrzehnte vorher noch Schwerter, Speere, Pfeil und Bogen benutzten (sowie Katapulte), war die Technologie dieses Krieges eine ganz andere. Es gab jetzt modernere und effektivere Waffen, das Töten ging weiter (17 Millionen Menschen starben (https:// www.ndr.de/geschichte/chronologie/erster_weltkrieg/index. html 21.10.2023)) bis zu dem Zeitpunkt 1918, wo sich endlich einmal verschiedene Kulturen/Nationen/Völker vereinten und es zu einem Waffenstillstand gekommen ist (dem Ende des Ersten Weltkrieges).

Dachten Sie nun, dass wir aus diesem gelernt haben? Nein, haben wir nicht, denn nur wenige Jahre danach folgte der Zweite Weltkrieg. Die Technologie dieses Krieges war noch weiter vorangeschritten. Jetzt gab es nicht nur die Gewehre, nein, wir hatten schweres Militärgerät und dies nicht nur an Land, sondern in der Luft und im Wasser. Starben im ersten Krieg (4 Jahre) noch 27 Millionen Menschen, so war die Bilanz des zweiten noch erstreckender. Über 60 Millionen Menschen sind aufgrund eines Konfliktes gestorben – oder war es auch hier nur die Ideologie eines Mannes (Fanatikers)? Viele dieser Konflikte hätte man vielleicht auf zivilisierte Art verhindern können, wer weiß, was in den Menschen, die einen Krieg beginnen, wirklich vorgeht, es sind oft nur Spekulationen.

Allerdings haben wir uns durch diese beiden Kriege militärisch weiterentwickelt. Jetzt sind es nicht mehr nur die Kugeln, die uns um die Ohren fliegen, wir haben das Atom gespalten. 1945, zum Ende des Zweiten Weltkrieges, wurden die ersten Atombomben eingesetzt. Die Kraft dieser Bomben forderte über 10.000 Tote, Zerstörung und Leid und von den Spätfolgen der Strahlung wollen wir lieber nicht weiter reden. Gelernt haben wir daraus leider auch nicht, denn wenn man sich vorstellt, welche zerstörerische Kraft diese ersten Atombomben hatten, kann einem doch Angst und Bange werden. Leider haben wir aus dieser zerstörerischen Kraft nicht sehr viel gelernt, denn wir haben die Atombombe um ein Vielfaches verstärkt und damit nicht genug, wir haben eine noch viel schlimmere Bombe gebaut: die Wasserstoffbombe. Ich glaube, allein durch den Bau dieser Bomben, in welcher Form auch immer, sind wir ohne Probleme dazu in der Lage, diesen Planeten in Staub zu verwandeln! Wie harmlos klingen da die Kriege der Jahrhunderte, in denen man noch Mann gegen Mann kämpfte.

Leider gab es seit ca. 1945 nicht nur die Konflikte zwischen vielen Nationen – und meiner Meinung nach waren einige wirklich sinnlos. Es begann auch eine Zeit der Vertuschungen, der Lügen. Wer oder warum irgendjemand dies entschieden hat, ist mir nicht bekannt und diese Spekulationen sind mir wirklich zuwider. Leider ist es so, dass wir von den Mächtigen dieser Welt belogen worden sind, wo auch immer der Grund hierfür gelegen haben mag.

Ein wenig Licht fiel erst mit der Freigabe von historischen Dokumenten der Vereinigten Staaten von Amerika darauf. Bitte nicht denken, der Schreiber hängt Verschwörungstheorien an. Nein, ich habe einfach meinen Verstand eingeschaltet. Hier ein Hinweis, da ein Hinweis und irgendwann kommt man zu seinem eigenen Bild.

1947 ist das Jahr, über das sich alle Ufologen freuen. Der Roswell-Zwischenfall, wo ein Wetterballon oder ein UFO (Unbekanntes fliegendes Objekt) abgestützt ist?

Leute, Macht die Augen auf! Ja, jedes Lebewesen auf diesem Planeten ist einzigartig. Ja, jeder auf seine Art und Weise. Nehmen wir die Bibel, so hat Gott diese geschaffen, aber vielleicht hat er es ja nicht nur in dieser Welt getan. Da draußen gibt es unendlich viele Planeten und man will uns erzählen, dass wir die einzigen Lebensformen in unendlich vielen Galaxien sind? So was würde ich unendliche Platzverschwendung nennen. Egal, ob es 1947 ein Wetterballon war, oder doch ein UFO mit einer außerirdischen Lebensform; die Unterlagen, die 2020-2022 veröffentlicht worden sind, sagen sehr deutlich aus, dass es unbekannte Objekte gab (und noch gibt), die allen uns bis jetzt bekannten Naturgesetzen widersprechen und nein, sie waren nicht allein in den USA, sie waren weltweit. Aber jede dieser Sichtungen wurde uns als etwas Harmloses verkauft; von den Projekten, die dies ggf. aufdecken/vertuschen sollten, möchte ich Abstand nehmen, da es wirklich zu viele sind. Aber einfach einmal nachdenken, das hilft.

Die nächste riesige Lüge, die um die ganze Welt ging (und hier möchte ich ebenfalls nur einen Gedankenanstoß einleiten), war im November 1963 im US Staat Dallas die Ermordung des 35. Präsidenten der Vereinigten Staaten von Amerika (John F. Kennedy). Es gibt viele Filme und Dokumentationen, die sich mit diesem Ereignis beschäftigen.

Versuchen wir einmal nicht, wie die Warren-Kommission zu denken, sondern uns auf das zu verlassen, was WIR wissen. Jeder von Ihnen war bestimmt schon einmal auf einem Volksfest und hat mit dem Luftgewehr auf die Zielscheiben geschossen. Haben Sie sich dieses Geschoss einmal angeschaut, nachdem es sein Ziel getroffen hat? Das sollten Sie vielleicht einmal tun. Das Prinzip des Luftgewehrs ist das gleiche wie bei einem normalen Gewehr, nur dass nicht Luft, sondern Pulver verwendet wird. Die Kugel ist keine einfache Bleikugel, sondern ein Geschoss aus etwas härterem Material, das die höhere Geschwindigkeit aushält. Aber der Schuss aus einem Luftgewehr auf ein Ziel hinterlässt eine deformierte Kugel. Wie kann man dann eine Bevölkerung (USA) und die ganze Welt davon überzeugen, dass die Kugel, die J. F. Kennedy und seine Begleiter getötet/verletzt hat, in einem fabrikneuen Zustand ist (https://de.wikipedia.org/wiki/Single-Bullet-Theorie 21.10.2023)? Diese Unterlagen wurden 2021/2022 freigegeben. Wenn die Kugel aus meinem Luftgewehr schon nach einem Schuss deformiert ist, wie würde dann eine Kugel aussehen, die 7-mal Haut und Knochen durchbohrt hat? Ich erwähne absichtlich nur diese „magische Kugel", wer möchte, kann sich gerne genauer mit diesem Thema beschäftigen und stößt auf sehr viele weitere Ungereimtheiten.

Ich denke, diese beiden Lügen bzw. Mysterien (für uns) zeigen sehr deutlich, dass uns doch sehr viel mehr verschwiegen wird. Einiges ist und bleibt wahrscheinlich für immer ein Geheimnis, aber vielleicht befreit uns irgendwann die Wahrheit, denn die ist bekanntlich ein dreischneidiges Schwert (die Wahrheit der einen Seite, die Wahrheit der anderen Seite und **DIE WAHRHEIT**). Wir können nur hoffen, dass dies irgendwann einmal ein Ende hat.

Wir Menschen entwickelten uns weiter, wir greifen nach den Sternen, machen riesige technologische Fortschritte in allen Bereichen (Medizin, Militär, Weltraum, Genetik, Technologie (Mikro) und vieles mehr). Und doch schaffen wir es nicht, als ein „Team", als EINES zusammen, gemeinsam Ziele zu verfolgen. Durch die Lügen und Machtansprüche haben wir verlernt, Dinge gemeinsam zu tun, die in der Gegenwart und in der Zukunft (ja, die Generationen nach uns) wichtig wären. Wir denken falsch! Wir denken, dass das, wie es war oder ist, immer so bleiben wird, denn es funktioniert JA. FALSCH, es ist eine Lüge. Wir reden uns die Dinge schön und in Wirklichkeit hat die Stunde für die Menschen schon lange geschlagen. Nur ist es diesmal kein Komet oder eine Naturkatastrophe, sondern wir selbst sorgen dafür, dass unsere Uhr abläuft bzw. die Uhr für die Generationen nach uns.

Wir alle müssen umdenken (dazu gleich mehr, wenn ich auf die vielen Probleme unserer Zeit eingehe [2022]).

Nachtrag: Graham Hancock (Journalist) hat in seiner Dokumentation „Untergegangenen Zivilisationen auf der Spur" (https://www.netflix.com/de/title/81211003 21.10.2023) versucht, ähnliche Dinge aufzuzeigen wie ich. Hancock geht davon aus, dass die Geschichte der Menschheit älter ist als uns bekannt ist, nur leider stößt er hier auf taube Ohren, denn wenn dies stimmen würde, dann müsste unsere Geschichte umgeschrieben werden.

03 – Gegenwart

I – Einleitung

Jede Pflanze, jedes Tier und jeder Mensch sind einzigartig und wir benötigen alles, um ein Gleichgewicht auf diesem Planeten zu schaffen. Der Dramatiker William Shakespeare hat eine sehr schöne Beschreibung für den Menschen gewählt (https://www.aphorismen.de/suche?f_thema=Menschheit%2C+Menschen&f_autor=3448_William+Shakespeare):

> *„Welch ein Meisterwerk ist der Mensch! Wie edel durch Vernunft!*
> *Wie unbegrenzt an Fähigkeiten in Gestalt und Bewegung, wie bedeutend und wunderwürdig!*
> *Im Handeln wie ähnlich einem Engel! Im Begreifen wie ähnlich einem Gott!*
> *Die Zierde der Welt! Das Vorbild der Lebendigen!*
> *Und doch, was ist mir diese Quintessenz von Staube?"*

In der Geschichte unserer Welt gab, gibt und wird es immer viele Götter und Göttinnen sowie Heilige geben, ob sie gut oder schlecht sind, das möge jeder für sich selbst entscheiden; aber warum verhalten wir uns nicht wie sie? Ist es nicht Aufgabe genau dieser Götter/Göttinnen, die Pflanzen, Tiere und Menschen zu schützen, für das Wohl aller zu sorgen und ein Gleichgewicht zwischen allem herzustellen?

Irgendwann in der Geschichte der Menschen, die ja so edel sind, haben wir verlernt, dass es nicht nur um wenige Dinge in unserem Leben (persönlich) geht, sondern um wesentlich größeres. Wir haben das Ganze aus den Augen verloren und finden nur sehr schwer einen Weg, dies wieder zu bereinigen.

Ich werde in den nachfolgenden Abschnitten sehr viele Themen ansprechen und NEIN, es werden bei Weitem noch nicht alle sein, dafür ist das ganze Gefüge zu groß. Vielleicht sollte man unseren Planeten als ein Uhrwerk sehen, ein mechanisches Uhrwerk mit sehr vielen kleinen Zahnrädchen. Jedes Zahnrad greift in ein anderes. Verändern wir allerdings die Größe oder Geschwindigkeit eines dieser vielen Rädchen, so wird unsere Uhr nicht mehr so funktionieren, wie sie soll.

Und ja, genau dies haben wir mit unserem Planeten getan, wir haben an so vielen Rädchen gedreht, dass wir aus einem Gleichgewicht geraten sind, den Überblick verloren haben, das Richtige zu tun.

Viele der Themen sind nicht wirklich neu, nein, aber wir haben auch nicht gelernt, es anders zu machen, weil es ja über Jahre, Jahrhunderte immer wunderbar funktioniert hat.

Hat es dies wirklich? Gehen Sie doch einmal hinaus in die Welt. Sie müssen nicht einmal in ein anderes Land gehen, keine Reise unternehmen. Setzen Sie sich einfach einmal an den Straßenrand und schauen Sie den Menschen zu, da wird Ihnen schon eine Menge auffallen und es ist wirklich egal, in welchem Land, in welcher Nation oder auf welchem Kontinent Sie dieses tun, die Probleme sind überall die gleichen. Es betrifft nicht nur ein Land, einen Staat oder einen Kontinent, es betrifft uns alle, den gesamten Planeten. Viele der Dinge, die ich gelernt habe, stammen von Menschen, die sich mit einem Problem beschäftigt haben (in Deutschland kann man viele dieser Dokumentationen im Fernsehen sehen oder in einer Mediathek herunterladen, oder man schaut einfach einmal bei YouTube hinein), aber leider beschreiben viele immer NUR EIN KLEINES Problem und sehen nicht die Zusammenhänge zu anderen Problemen, die vielleicht sogar damit zu tun haben.

Weltweit gibt es viele Regierungen, die versuchen, in großen Organisationen die globalen Probleme zu bekämpfen, etwas zu verändern (nachher mehr davon), aber gleichzeitig gibt es noch mehr Organisationen (sehr viel mehr), einige haben nur einen anderen Namen, beschäftigen sich aber gleichzeitig mit demselben Thema, wie eine andere. Viele der bekannten Organisationen, wie WWF (Organisation für Natur- und Artenschutz), Greenpeace, um einmal die bekanntesten zu nennen, verfolgen große Ziele, aber es gibt noch unzählige andere Organisationen, die sich dann speziell mit der Rettung einer Art, einer Pflanze, eines Tieres beschäftigen oder mit der Verschmutzung. Glauben Sie nicht wirklich, dass diese miteinander reden und vielleicht das gemeinsame Ziel dazu nutzen, wirklich etwas zu verändern.

Unser Planet ist einzigartig, wir sind einzigartig (aus der heutigen Sicht [2022]), denn vielleicht gibt es irgendwo im Universum noch eine andere Welt, die mit einer solchen Vielfalt an Leben gesegnet ist.

Wir alle sollten ein wenig umdenken, um die Wunder dieses Planeten zu schützen, und das nicht nur im Jetzt, sondern auch in der Zukunft; die Vergangenheit können wir nicht mehr ändern, aber wir können lernen.

Verzeihen Sie, wenn ich nicht in allen nachfolgenden Themen sehr tief in die Materie gehe, das Wissen, das dazu nötig wäre, würde jedes Buch sprengen. Auch werde ich bestimmt Dinge immer und immer wiederholen, da alles irgendwie miteinander verbunden ist. Und wahrscheinlich werde ich die Themen nicht wirklich in einer tollen Reihenfolge aufführen, da man auch den Überblick verliert.

II – Wirtschaft

Jeder kennt diesen Begriff, hört sich doch toll an, oder? Aber schon einmal darüber nachgedacht, welche Vor- und Nachteile diese so schöngeredete Wirtschaft hat? Wahrscheinlich haben die wenigsten sich wirklich damit beschäftigt und auch ich werde bestimmt nur an der Oberfläche dieses Themas kratzen.

Laut der bekanntesten Seite für Informationen im Internet (WWW), gibt es eine schöne Definition dieses Begriffs:

(https://de.wikipedia.org/wiki/Portal:Wirtschaft 21.10.2023)

Wirtschaft oder Ökonomie ist die Gesamtheit aller Einrichtungen und Handlungen, die der planvollen Befriedigung der Bedürfnisse dienen.
Zu den wirtschaftlichen Einrichtungen gehören Unternehmen, private und öffentliche Haushalte, zu den Handlungen des Wirtschaftens Herstellung,

Absatz, Tausch, Konsum, Umlauf, Verteilung und
Recycling/Entsorgung von Gütern.
Solche Zusammenhänge bestehen zum
Beispiel auf welt-, volks-, stadt-, betriebs- und
hauswirtschaftlicher Ebene.

Hört sich doch super an, oder? Nur leider haben wir wirklich vergessen, was das bedeuten soll. Nehmen wir es einmal Stück für Stück auseinander, vielleicht erkennen Sie mit mir gemeinsam, was dann nicht mehr ganz rund läuft. Wir reden hier von der planvollen Herstellung von Gütern für die Bedürfnisse jedes Lebewesens auf diesem Planeten, da steht nicht die Bedürfnisse der Menschen oder der Pflanzen oder der Tiere, sondern die Bedürfnisse aller werden gemeint. Im Laufe der Geschichte haben sich viele Bedürfnisse verändert. War man zu einer Zeit froh genug, Nahrung zu haben, so gab es andere Zeiten, wo Wohlstand zählte und ja, der Wohlstand ist das, was wir heute haben. Aber muss ich immer das Neueste haben? Muss ich immer mehr als der andere haben? Ich glaube, diese beiden Sätze sprechen sehr deutlich gegen Bedürfnisse, es geht um Wohlstand, um Selbstdarstellung, „ich bin besser als der neben mir"; nein, dem ist nicht so, wir sind alle gleich, nur mit unterschiedlichen Talenten. Wir alle sind einzigartig, wir alle haben Fähigkeiten, die andere vielleicht nicht haben, keiner muss irgendwem beweisen, dass er besser ist, denn wir sind doch alle gleich. Wir bestehen aus denselben Bestandteilen wie jedes andere Lebewesen auf dieser Welt, nur mit einem Unterschied: Jeder hat besondere Fähigkeiten, die nur in der Gemeinschaft alle voranbringen.

Allerdings wird es im zweiten Teil dann wirklich knifflig. Konsum und Recycling in einem Satz. Auf der einen Seite sollen wir mehr kaufen/erwerben (von den Materialien einmal abgesehen oder dem Sinn und Zweck von Produkten), auf der anderen Seite sollen wir diese nicht mehr benötigten Produkte auch noch wieder in ihre Bestandteile zerlegen, um daraus dann neue Produkte zu schaffen. Seien wir einmal ganz ehrlich zu uns selbst, haben Sie das selbst einmal gemacht oder gesehen, wie das funktioniert (später etwas genauer)?

Allerdings finde ich hier den 3. Absatz (vorherige Seite 17) besonders interessant. Da fragt man sich, wer so etwas schreibt und sich nicht daran hält (ja genau, fast alle). Aber wir wollen jetzt niemanden verdammen, wir sind über Jahrzehnte so erzogen worden. Schauen wir es uns aber einmal genauer an.

Jeder von uns ist verantwortlich für seinen eigenen Haushalt, ob Wohnung, Reihenhaus, Einfamilienhaus oder sogar eine Villa. Jeder von uns hat ein Einkommen. Mit diesem Einkommen muss ich die Miete, die Nebenkosten (Gas, Wasser, Strom, Müllabfuhr etc.), Kleidung, Nahrung und viele andere Dinge, die vielleicht sogar noch meinen Status (z. B. Handy) darstellen, bezahlen. Und ja, wenn wir wirtschaftlich handeln würden, dann würden wir am Ende des Monats vor dem erhaltenen Gehalt mit +/- 0 dastehen und waren wir besonders gut, würden wir sogar weniger ausgeben, als wir verdient haben. Aber stimmt das wirklich? Dies gilt ja nicht nur für mich als einzelne Person, als Familie, sondern auch für jede Stadt, jedes Land, jeden Staat und für jedes Unternehmen und jede Organisation. Es gilt für uns **ALLE**.

Haben Sie einmal die Haushaltsdebatte im Deutschen Bundestag gehört (alle Staaten haben so etwas) und hat der Staat am Ende des Monats immer eine 0 dastehen, oder sogar ein +, von den Mengen an kleineren Fehlern (in Deutschland gibt es den Bund der Steuerzahler, die Verschwendungen aufdecken oder schauen Sie einmal im Fernsehen, ein Mario Barth hat da eine lustige Show, in der dies alles erwähnt wird) einmal abgesehen → NEIN.

Da fragt man sich doch wirklich, wie wirtschaftlich und ökonomisch handeln wir eigentlich? Wenn es nur dieses wäre, nur leider ist es sehr viel mehr, denn dies gilt für ALLE Bereiche unseres Lebens, für alles auf diesem Planeten.

Fiel Ihnen allerdings auch auf, dass eines der derzeitig wichtigsten Themen, welches die Menschen in der ganzen Welt beschäftigt, in dieser Erklärung gar nicht auftaucht?

Das Klima oder der Klimaschutz werden mit dem Wort Wirtschaft nicht in Einklang gebracht, aber warum? Diese Frage wird wohl kaum einer wirklich beantworten können, aber in den nächsten Abschnitten wird vielleicht deutlicher, warum dies mit der Wirtschaft nicht in Einklang gebracht werden kann.

III – Rohstoffe

Die Anzahl an Rohstoffen unserer Welt ist ungemein vielfältig; ob wir Rohstoffe nehmen, die sich selbst erneuern oder die sogenannten fossilen Rohstoffe (diese sind vor Jahrtausenden entstanden). Die Möglichkeiten, mit diesen Rohstoffen etwas zu schaffen, sind fast unbegrenzt. Aber wie gehen wir mit diesen Rohstoffen um? Ich will in diesem Abschnitt zumindest nicht auf die Rohstoffe wie Nahrung eingehen, dafür habe ich ein eigenes Kapitel.

Aber was für Rohstoffe sind das, die wir für unsere Bedürfnisse benötigen? So etwas wie Holz ist, glaube ich, einer der fast reinsten Rohstoffe, die wir haben, aber wir haben so viele anderen Rohstoffe und viele von uns wissen gar nicht, was damit gemacht wird oder gemacht werden könnte.

Leider sind viele der Materialien, die wir für unsere Bedürfnisse benötigen, nicht nur aus einem Rohstoff hergestellt worden, sondern je moderner das Produkt ist, desto mehr Rohstoffe benötigen wir; ob „naturbelassen" oder mit anderen Rohstoffen verbunden. Die Möglichkeiten, unsere Annehmlichkeiten zu befriedigen, sind extrem vielfältig.

Aber reisen wir für ein Beispiel einmal ein paar Jahre in die Vergangenheit ohne unsere „Technologie". Da gab es so etwas wie Schreibmaschinen, Tonbänder und viele andere Dinge mehr. Auch für die Herstellung dieser Produkte (in diesem Beispiel die Schreibmaschine) wurden Materialien benötigt. Oft waren dies Metalle (Legierungen – Gemische verschiedener Metalle für Härte oder Stabilität), sowie Kunststoffe (meist aus Rohöl oder Kautschuk) für die Tasten und dann noch Materialien für das Farbband.

Irgendwie ironisch, denn übertrieben gesagt jeder von uns (und damit meine ich sogar Kinder) wäre in der Lage gewesen, solch eine mechanische Schreibmaschine zu reparieren. Ersatzteile haben die Hersteller ja immer gleich mitgeliefert und wenn dies nicht reichte, war bestimmt jemand erfindungsreich (das beste Beispiel kommt aus der ehemaligen DDR, der Trabbi [Wartburg]) und hat es herstellen können.

Wie einfach war dies doch für uns.

Nun leben wir allerdings in einem Zeitalter der Digitalisierung. Computer, Handy, technische Geräte für Flug, Schifffahrt, Medizin und was weiß ich noch alles sind heute ganz normal.

Haben Sie schon einmal nachgefragt, was in diesen ganzen Dingen an Rohstoffen steckt? Wahrscheinlich interessiert das die wenigsten, denn wichtig ist doch nur, dass die heutigen Geräte die Aufgaben, wie wir es wollen, auch erledigen.

Ich will hier auch ein Beispiel nehmen und versuche, nicht eines der kompliziertesten Geräte auszuwählen, welches aber trotzdem jeder kennt.

Nehmen wir einfach einmal eine simple Kaffeemaschine. Das Gehäuse ist meistens aus Kunststoff (meisten aus dem Rohprodukt Öl), aus Metallen für die Heizfläche, kleinen Rohren (wahrscheinlich Eisen und Kupfer) und vielleicht hat diese Kaffeemaschine auch noch eine Glaskanne, welche nicht nur Glas (Sand), sondern auch Kunststoff für den Griff und Schrauben für die Befestigung hat. Dann haben wir hier noch eine ganz einfache Elektronik, die ja dafür sorgen soll, dass die Maschine sich vielleicht sogar ausschaltet. Diese Elektronik werde ich erst bei Recycling/Wiederherstellung etwas genauer betrachten. Aber wie viel hiervon können wir wirklich austauschen oder produziert der Hersteller Ersatzteile? In den meisten Fällen kann man, wenn man Glück hat, die Glas- oder Thermoskanne nachkaufen, bei allen anderen Teilen sollte man eher erfinderisch sein, um diese zu ersetzen. Und da meistens eine neue Maschine sogar günstiger wäre, als Sie reparieren zu lassen (was ich persönlich und bestimmt viele Organisationen nicht als sehr umweltfreundlich empfinden), kaufen wir einfach eine neue und entsorgen die alte. Leider nicht ganz so einfach wie mit der mechanischen Schreibmaschine. Von wirtschaftlichen Punkten aus gesehen ist es ja auch nicht wirklich vorgesehen, dass wir diese Dinge selbst reparieren.

Aber wir wollen ja zu den Rohstoffen zurück. Durch diese kurze Einleitung wollte ich nur einmal darstellen, dass es mehr als nur einen Rohstoff gibt und die meisten werden nicht in natürlicher Form verarbeitet. Es gibt so viele, dass ich nicht andeutungsweise alle hier auflisten kann, ich werde nur auf einige eingehen. Zu den möglichen Alternativen möchte ich absichtlich erst später etwas schreiben.

Öl und Gas: Ich glaube, die bekanntesten Rohstoffe, die wir auf dieser Welt haben. Eigentlich sind Öl und Gas Produkte, welche vor Jahrtausenden durch Druck und chemische Prozesse entstanden sind und irgendwann aufgebraucht sein werden (zumindest sagen das diverse Forscher schon seit Jahren). Aber warum ist dieser Rohstoff für uns so wichtig? Wissen Sie, was aus Rohöl und Gas alles hergestellt wird? Glauben Sie mir, das ist eine sehr lange Liste. Von Sprit für die Fortbewegung über Kunststoffe, Medizin, Kosmetik und Wärme, um nur einmal die wichtigsten zu nennen. Aus diesem Grund trifft hier der Begriff fossiler Rohstoff (Brennstoff) auch wirklich zu.

Kohle: Wie die Kohle auch immer heißen mag (Braunkohle, Steinkohle etc.), es ist auch ein fossiler Rohstoff, der ebenfalls vor Jahrtausenden entstanden ist. Die Förderung, oft im Bergbau (Stollen), kann natürlich die Oberfläche darüber beeinflussen, dies haben Sie bestimmt wie auch ich oft genug in den Medien gehört. Es besteht aber auch teilweise die Möglichkeit, diesen Rohstoff im Tagebau zu fördern. Schauen Sie sich einmal den „Ruhrpott" (Deutschland, Nordrhein-Westfalen) an, dann sehen Sie die riesigen Kraterlandschaften, in denen dieser Rohstoff abgebaut wurde. Trotz allem, auch wenn noch sehr viel davon da ist, ist die Verbrennung nicht gut für unsere Umwelt, denn die Schadstoffe, die beim Verbrennen entstehen, sorgen für neue Probleme. Allerdings ist es ein verhältnismäßig günstiger Rohstoff. Doch genau wie Öl und Gas wird dieser irgendwann nicht mehr ausreichend zur Verfügung stehen.

Radioaktive Rohstoffe: Uran und Plutonium sind ebenfalls natürliche Rohstoffe, aber nicht so, wie sie derzeitig verwendet werden; sie müssen chemisch verändert werden. Sie könnten aber vielleicht, wie andere Dinge, helfen, teilweise auf andere fossile Rohstoffe zu verzichten (als Übergangslösung), auch wenn dies für Pflanzen, Tiere und Menschen eine Gefahr für die Gesundheit darstellt. Das beste Beispiel hierfür ist wohl die Atombombe.

Diese fossilen Rohstoffe werden für viele Dinge benutzt, für die Energiegewinnung, für die Erzeugung von Stahl und anderen moderneren Rohstoffen, die unseren Bedürfnissen entsprechen. Aber leider, vielleicht nicht sofort, aber irgendwann stehen uns diese Rohstoffe nicht mehr zur Verfügung und anscheinend macht sich nicht wirklich jemand Gedanken darüber, wie man diese Rohstoffe ersetzen könnte (Alternativen).

Metalle (Allgemein): Eisen, Kupfer, Silber, Gold und viele dieser Rohstoffe sind nicht in reiner Form auf der Welt vorhanden. Sie müssen veredelt werden, wofür wir derzeit die fossilen Brennstoffe benutzen.

Da irgendwann die fossilen Brennstoffe ausgehen, haben wir dann natürlich ein neues Problem, denn wie stellen wir Eisen her, wenn wir keine Kohle (große Hitze) mehr haben, oder Kunststoffe, wenn wir kein Öl mehr haben. Oder noch schlimmer: wie beheizen wir unser zu Hause, wenn kein Öl und Gas mehr da sind? Wir haben uns Probleme für eine Zukunft geschaffen und scheinen nicht wirklich gewillt zu sein, diese zu verändern.

Holz: Ein natürlicher Rohstoff, der nachwächst (was allerdings nicht von heute auf morgen geschieht). Und die Bäume, von denen wir das Holz bekommen, haben ja auch noch andere Aufgaben auf dieser Welt. Nicht nur viele Möbel und andere Dinge werden aus Holz hergestellt. Die Bäume und Pflanzen wandeln auch noch das für uns schädliche Kohlendioxid um. Allerdings werden mehr Bäume vernichtet als nötig, und zwar für die Schaffung von Nutzflächen.

Pflanzen: eine tolle Sache. Sie wachsen zum Teil sehr schnell, aber auch hier gibt es viele Unterschiede. Aus Pflanzen haben wir Menschen Papier, Kleidung und sogar Medizin und Nahrung hergestellt. Merkwürdig, warum können wir dies nicht mehr? Weil qualifizierte Menschen uns einreden, dass einige dieser Pflanzen in den Bereich der Drogen fallen (etwas einseitig, denn über Jahrhunderte hat man diese Pflanzen benutzt) und weil wir vergessen haben, dass es nicht nur die Drogen gibt, sondern auch eine sinnvolle Nutzung dieses Rohstoffes.

Diese Rohstoffe gehen uns theoretisch nicht sehr schnell aus, wenn wir sie richtig zu nutzen wüssten. Irgendwann fallen sie allerdings anderen Dingen zum Opfer (siehe folgende Wiederverwertung).

Energie: Auch ein sehr beliebtes Thema in der heutigen Zeit. Aber was ist Energie überhaupt? Jedes Lebewesen auf diesem Planeten benötigt Energie in den unterschiedlichsten Formen. Die Pflanzen brauchen die Nährstoffe des Bodens, das Wasser und die Sonne. Die Tiere benötigen die Pflanzen, Tiere und Wasser. Und wir Menschen, wir brauchen die Pflanzen, die Tiere und das Wasser. Dies sind allerdings nur die Grundbedürfnisse, damit wir uns entwickeln.

In unserer heutigen Zeit benötigen wir aber sehr viel mehr Energie und dies nicht nur aus den zuvor genannten Ressourcen. Durch den Wohlstand, die Technologie und die Entwicklung (Evolution) benötigen wir bei Weitem mehr als nur die Deckung der Grundbedürfnisse.

Wir brauchen Energie, um Rohstoffe abzubauen, Energie für die Weiterverarbeitung und die Herstellung eines Produktes, welches dann wieder andere Energie benötigt, damit wir es auch nutzen können.

Im Jahr 2022 wird viel dieser Energie (auch, wenn ganz langsam ein Umdenken stattfindet, dazu aber auch hier später mehr) aus fossilen Rohstoffen wie Öl, Gas und Kohle gewonnen, ob es nun das Entfachen eines Feuers ist, das Heizen, das Fahren/Fliegen oder das Betreiben unserer Technologie (für deren Herstellung auch noch andere Rohstoffe benötigt werden).

Allerdings wird heute die Energie oft mit dem Begriff Strom verbunden, was eigentlich falsch ist, denn den Strom benötigen wir zwar auch für viele Dinge, die ich vorher beschrieben habe, aber sehr viel wird für unsere fortschrittliche Technologie (Medizin, Forschung, Computer) benutzt.

Im Moment werden auf der ganzen Welt Atomreaktoren (die Strahlung tut bestimmt keinem gut), Kohlekraftwerke (beeinflussen den CO^2-Ausstoß), Gaskraftwerke (die zwar weniger CO^2 ausstoßen), Wasserkraftwerke (die Landschaften verändern, Pflanzen und Tiere beeinflussen) und in neuester Zeit Windkraftwerke (wenig CO^2-Ausstoß, allerdings für die Herstellung dieser gilt das nicht) und Solaranlagen gebaut (für die wiederum seltene Rohstoffe verwendet werden), um Storm zu erzeugen. Für alle diese Dinge gilt: Wir müssen die Rohstoffe abbauen, transportieren, verarbeiten und dies ist nicht immer so gesund für uns und unsere Umwelt, da wir dort fossile Brennstoffe einsetzen (hierzu unter Klima mehr).

Vor mehr als 50 Jahren haben die ersten Forscher/innen mit Wasserstoff experimentiert; leider haben sie als erstes den Nachfolger der Atombombe, nämlich die Wasserstoffbombe gebaut, die um ein Vielfaches stärker ist als die Atombombe. Zum Glück gab es auch Forscher, die im Wasserstoff eine Lösung für das Problem mit den fossilen Rohstoffen gesehen haben; leider sind die Forschungen sehr stark in der Versenkung verschwunden.

Bestimmt gibt es noch andere Forscher/innen, die sich Gedanken darüber gemacht haben, wie wir sparsam mit den Rohstoffen umgehen, nur leider bekommen wir das in den meisten Fällen nicht wirklich mit.

Wir benötigen heute verschiedene Energieformen wie Wärme, Treibstoffe und Strom und von deren Herstellung wollen wir lieber nicht anfangen. Aber Scherz beiseite, egal wie wir es sehen möchten, um uns von Rohstoffen zu lösen, benötigen wir Alternativen und diese können wir nicht von heute auf morgen finden, aus dem Nichts herbeizaubern wird nicht funktionieren (wir sind nicht bei Harry Potter). Auch wenn wir einen Anfang machen, so werden wir wohl noch eine Zeit lang die alten Rohstoffe nutzen müssen.

Viele unserer Probleme mit den Rohstoffen sind Forschern, Wissenschaftlern und Regierungen sowie diversen Organisationen schon seit Jahrzehnten bekannt. Aber schauen Sie doch über die Jahre zurück, was wurde da getan, um dies zu ändern?

Ich denke, Sie erraten es genauso richtig wie ich: viel zu wenig. Es hat alles funktioniert, also warum sollte man etwas ändern? Wahrscheinlich wird es in meinem Lebensabschnitt nicht mehr passieren, aber waren wir nicht laut William Shakespeare Geschöpfe mit einem tollen Verstand? Warum haben diese Menschen, die zu diesen Zeiten den Einfluss hatten, nicht etwas verändert und an ihre Kinder oder an deren Kinder gedacht und weitergegeben?

Die Lösung werden wir wohl nur schwer finden, richtig ist, dass wir umdenken müssen.

Allerdings, je älter wir werden, umso schwerer fällt es uns, von den Gewohnheiten abzukommen. Wir sind es eben gewohnt, dass die Dinge immer gleich sind. Neuerungen und Veränderungen bedeuten ein Umlernen, Unannehmlichkeiten und Angst (weil wir es nicht verstehen).

Aber wir müssen uns dieser Angst stellen, da wir sonst irgendwann, in irgendeiner Generation nach uns, nichts mehr an Rohstoffen haben, die benutzt werden können. Vom Großen und Ganzen ist es nur eine Verschiebung des Problems in eine Zukunft, in der sich andere damit beschäftigen müssen.

Nein, es ist Zeit, dass wir endlich in die Hände spucken und uns unseren Problemen und Schwierigkeiten (und davon kommen noch mehr), die eigentlich danach schreien, gelöst zu werden, stellen.

Einen Rohstoff, der für alle Menschen wichtig ist, habe ich fast vergessen, das Wasser/Süßwasser, das wir benötigen. Durch den Klimawandel haben wir unterdessen öfter das Problem, dass dieses knapp wird.

IV – Technologie

Technologie ist doch etwas Schönes, viele Menschen nutzen sie und einige verweigern sich diesen Technologien. Vielleicht sogar mit Recht, denn nicht alles, was neu ist, ist auch besser (habe ich schon vorher einmal angedeutet).

Aber Technologie bedarf sehr viel Energie, Rohstoffen, die abgebaut werden müssen, Veredelung der Materialien, sowie der Herstellung und natürlich auch der Betrieb dieser Technologie benötigt Energie. Weder mechanische, noch technologische Produkte können ohne den Einsatz von Kraft (Maschinen oder Menschen) oder Energie (Wärme, Storm usw.) hergestellt werden.

Technologie hilft uns bei der Bewältigung von Aufgaben. Nur sollten wir eines nie vergessen: nicht die Technologie beherrscht uns, sondern wir beherrschen die Technologie, um es uns einfacher zu machen.

Im Bergbau werden Maschinen eingesetzt, die „weniger" kosten und übertrieben 24 Stunden lang etwas abbauen können, dafür benötigt man dann nur noch wenige Menschen und die Mengen an Rohstoffen, die gewonnen werden, sind um ein Vielfaches größer.

In der Landwirtschaft setzen wir Maschinen ein (das funktioniert leider nicht in allen Bereichen, ab und zu ist hier wirklich noch der Mensch gefordert [z. B. beim Spargelstechen]). Wir säen, wir düngen, wir ernten in kurzer Zeit, wofür der Mensch Wochen benötigt oder eine sehr große Anzahl erforderlich wäre.

Aber was ist Technologie? Technologie ist so vielfältig geworden wie die Lebensformen auf diesem Planeten und da müssen wir uns nicht einmal die großen Maschinen anschauen. Es geht noch sehr viel kleiner.

Wir setzen die Technologie ein, die wir haben, in fast allen Bereichen des Lebens: in der Schule, bei der Arbeit, in der Freizeit, beim Forschen (ob nun in der Vergangenheit, oder für eine vielleicht bessere Zukunft).

Technologie ist vielfältig, vom Taschenrechner, Handy, Computer bis hin zu extrem kompliziert Messeinrichtungen oder Hilfsmitteln (das Messen von Luft, seismografischen Aktivitäten, in der Medizin und so vielen Dingen mehr, von denen wir teilweise nicht einmal etwas wissen).

Wie schon erwähnt, haben wir vergessen, dass eigentlich (auch wenn wesentlich primitiver) die Hochkulturen der Vergangenheit sogar bessere Technologie hatten als wir.

Hierfür ein Beispiel aus der jüngsten Zeit. Jeder von uns hat schon einmal einen Krimi gesehen, in dem dann die Spurensucher mit ihren schwarzen Pulvern nach Fingerabdrücken suchen. Nur leider funktioniert das zum Beispiel auf Geldscheinen (hat etwas mit der Oberfläche zu tun) nicht besonders gut. Die Forscher haben jetzt eine Farbe (Pulver) gefunden, die dies um einiges besser kann, und halten Sie sich fest, diese Farbe wurde bereits vor mehr als 5000 Jahren hergestellt. Verwundert fragen Sie sich jetzt, von was redet der da? Von einer der bekanntesten Farben der Ägypter, dem Ägyptisch Blau. Die Farbe kann Fingerabdrücke auf Geldscheinen besser darstellen als das schwarze Pulver, das uns immer in den Filmen vorgeführt wird. Welches der beiden in der Herstellung oder von den verwendeten Rohstoffen her günstiger ist, darüber möchte ich nicht spekulieren. Auf jeden Fall hatten die Menschen vor langer Zeit ein Wissen, welches wir erst langsam anfangen zu begreifen.

Technologie ist nicht immer so groß, dass wir sie sehen können. Ja, das Handy können wir anfassen, aber unterdessen hat uns die Forschung in Bereiche vorangebracht, die ein x-Faches kleiner sind: In den Bereich der Nanotechnologie; vielleicht ist man unterdessen noch weiter.

Es gab in der Vergangenheit einige Berühmtheiten, deren Namen jeder kennt. Ich versuche einmal, den einen oder anderen zu nennen, damit wir erkennen können, was diese Technologien uns gebracht haben – oder wenn es Ihnen lieber ist, was die Erfindungen dieser Menschen uns gebracht haben.

Ob Medizin, Physik oder Mechanik, vor mehr als 500 Jahren haben es Menschen geschafft, den Grundlagen der heutigen Forschung den Weg zu ebnen. Diese beiden Herren waren sehr vielen Menschen ihrer Zeit weit voraus:

Leonardo da Vinci (Italien um 1450 nach Christus), sehr bekannt durch seine „Mona Lisa", die in Frankreich im Louvre bestaunt werden kann. Aber Leonardo war nicht nur Maler zu seiner Zeit. Er war auch Alchimist (wie stelle ich Gold her, als Beispiel), sondern er war auch Architekt, Mechaniker und Ingenieur. Neben der Studie der Anatomie des Körpers (die für damalige Verhältnisse unübertrefflich war) hat er auch das erste U-Boot (ja richtig gelesen, U-Boot, Unterwasserschiff) inkl. hydraulischer Anlagen entworfen. Aber das war noch lange nicht alles, denn auch die Vorfahren des Helikopters (also den Luftverkehr) hat er zu dieser Zeit schon in die richtigen Bahnen gelenkt. Und nun das Unglaublichste: Er hat im Jahr 1495 den ersten mechanischen Roboter (JA, richtig gelesen) gebaut. Wahrscheinlich würden einige heutige Technologien nicht existieren, wenn dieser Mann nicht vor mehr als 500 Jahren solch inspirierende Ideen gehabt hätte.

Albert Einstein (Deutscher Physiker in den USA um 1880-1955) ist sehr bekannt für seine Formel „$E = mc^2$" (Relativitätstheorie). Viele Formeln oder Ansätze seiner wissenschaftlichen Arbeiten im Bereich der Physik sind legendär. Noch heute schaffen es viele nicht, diese Dinge zu verstehen. Ob Relativitätstheorie, Gravitation oder Quantenphysik. Sogar der Laser war schon dabei.

Diese Liste kann man beliebig lange fortsetzen, nur hilft uns das erstmal nicht weiter, denn es sind die Grundlagen der Technologien, die wir heute nutzen und sie sind zum Teil wirklich schon vor Jahrhunderten entstanden. Es gab noch sehr viel mehr Menschen, die Entdeckungen oder Entwicklungen gemacht haben, die wir für unsere heutigen Technologien nutzen; das Interessante daran ist, dass es zum Teil länger her ist, dass die Grundsteine für diese Dinge gelegt worden sind, als uns wirklich bekannt/bewusst ist.

Und jetzt kommt es wieder, wenn man nach dem Begriff Technologie sucht, bekommt man diese Definition:

(https://de.wikipedia.org/wiki/Technologie 21.10.2023)

Technologie im heutigen Sinne ist die Wissenschaft und Lehre von der Technik zur Planung und Herstellung von Industrieprodukten.

Merkwürdig, denn Technologie besteht doch nicht nur aus der Planung und Herstellung, sondern vielmehr sollten wir sie nutzen, um die Probleme in den Griff zu bekommen.

Um uns weiterzuentwickeln und neue Technologien zu entdecken, die uns dabei helfen, die Probleme (z. B. Recycling, Ernährung etc.) dieses Planeten und vor allem von uns Menschen in den Griff zu bekommen.

Wir haben noch sehr viel mehr geschafft.

Vor ca. 50 Jahren (1969) haben wir die ersten Menschen zum Mond geschickt.

In den 70er-Jahren haben wir die ersten unbemannten Sonden gebaut, welche die Planeten unseres Sonnensystems erkundet haben und nun sogar schon unser Sonnensystem verlassen haben (Voyager 1 & 2).

Vor ca. 20 Jahren haben wir die ersten unbemannten Sonden zum Mars gesendet.

Auf dieses Thema werde ich in der Zukunft ein wenig eingehen.

Die Errungenschaften der Menschheit sind groß, deshalb dürfen wir uns allerdings nicht als das Nonplusultra im Universum sehen, denn dies ist nicht nur unser Sonnensystem, sondern ein ganzes Universum mit vielen Galaxien und Sonnensystemen.

V – Recycling/Wiederverwertung

Wiederverwertung (Recycling) ist wirklich etwas, um die Rohstoffe unseres Planeten zu schützen. Eine Wiederverwertung zu 100 % wird nie gelingen. Derzeitig gibt es dies nicht einmal andeutungsweise, wir machen uns selbst etwas vor, wir belügen uns und hoffen, weil wir am dualen System (Bundesrepublik Deutschland) teilnehmen, etwas Gutes für unsere Umwelt und die Rohstoffe dieses Planeten zu tun. Nur leider reden wir uns damit nur ein gutes Gewissen ein, denn nicht wir, die wir dieses duale System benutzen, sind die, die nicht verstanden haben, wie wichtig es ist, die Rohstoffe zu schützen, sondern die Unternehmen, die wir damit beauftragen, sollen ja eine Lösung finden dies zu tun.

Ich werde gleich sehr viel genauer werden, aber eines ganz deutlich vorweg:

Recycling/Wiederverwertung ist NICHT wirtschaftlich, aber es ist erforderlich, um die natürlichen Ressourcen unseres Planeten zu schützen!

Durch unsere Technologie benutzen wir viele verschiedene Rohstoffe und die meisten nicht wirklich in reiner (ursprünglicher) Form. Aber was bedeutet dies beim Recycling?

Nehmen wir Holz als erstes Beispiel, da es recht einfach ist. Aus Holz werden Möbel (Bretter etc.), Papier und andere Dinge hergestellt.

Sind Sie einmal in einen Zeitschriftenladen gegangen? Nein, nicht der große Supermarkt. So etwas wie die Buchläden am Bahnhof vielleicht. Haben Sie gesehen, wie viele Bücher, Tageszeitungen oder Zeitschriften es gibt? Und zu vielen Themen gibt es nicht nur eine, sondern unzählige Zeitschriften, obwohl in denen nicht wirklich etwas anderes stehen könnte als in der Zeitschrift daneben. Wir haben einen Überfluss an Informationen. Wir sind nicht einmal andeutungsweise in der Lage, all diese Informationen zu verarbeiten (dazu mehr unter Künstlicher Intelligenz).

In Deutschland sammeln wir mit der blauen Tonne Papier ohne Ende, ob es der Brief ist, die Zeitung, die Werbung oder Verpackung. Da kommt einiges zusammen und das im DIGITALEN Zeitalter, in dem wir Papier nicht mehr benötigen würden (reine Theorie). Jeder, der ein Handy, Tablet oder einen Computer benutzt, könnte theoretisch auf Papier verzichten; es gibt viele Möglichkeiten, sich eine Notiz, einen Brief oder sonst was zu schreiben, ohne Papier.

Das Recycling von Papier ist wohl eines der Systeme, die wirklich erfolgreich sind, ob es wirtschaftlich ist, werden wohl nur die Betreiber solcher Anlagen wissen.

Nicht nur die Produktion von Papier, nein, auch das Recycling benötigt Energie und einige zusätzliche Rohstoffe, denn irgendwie muss ja das Papier, das wir sammeln, auch zu der Anlage gelangen, die es verarbeitet. Das Schöne ist, wir stellen durch das Recycling neues Papier her und sparen zumindest hier ein wenig Rohstoffe, obwohl wir es rein theoretisch nicht mehr benötigen würden.

Zeitungen und sogar Werbeprospekte kann man sich online anschauen (ja, das kostet auch Energie, aber steht diese in einem Verhältnis zu dem Aufwand, das Papier erst herzustellen oder Wälder zu roden? Bücher können heute ebenfalls in elektronischer Form als eBook gelesen werden). Die Kosten und Rohstoffe (hier spielt die Technologie wieder eine Rolle und zum Recycling komme ich noch) werden um ein Vielfaches niedriger sein, als alles zu bedrucken. Vom Ausliefern und Versenden einmal völlig abgesehen. Denken wir nur ein wenig um, dann können wir gerade hier viele Rohstoffe einsparen und unsere Natur schützen, da dieser Recyclingprozess recht effektiv ist.

Mit Glas verhält es sich ähnlich wie mit Holz, jeder in Deutschland kennt die schönen Container, in denen Flaschen gesammelt werden. Und je nach Geschmack trinken wir lieber aus einer Glasflasche als aus einer PET-Flasche. Dies ist aber reine Geschmackssache. Ob es wirklich wirtschaftlich ist, kann ich nicht sagen, da sollten wir wohl eher die Betreiber fragen, aber wie so oft beim Recycling ist es einfacher, neu herzustellen, als das alte zu einem neuen Produkt zu verarbeiten.

Auch hier brauchen wir für das Recycling Transportwege und Energie (diese wird natürlich auch bei der Herstellung benötigt) und dennoch könnten wir natürliche Ressourcen einsparen, auch wenn dies mehr Arbeit bedeuten würde. Auf Glas werden wir wohl nicht wirklich verzichten können, aber wir können dafür sorgen, dass Rohstoffe nicht verschwendet werden.

Wollen wir uns jetzt einmal an das Plastik wagen, das es in so vielfältiger Art gibt, dass es schon erschreckend ist. Ob Einkaufstüten, Verpackungen (Joghurt etc.), Gehäuse oder Flaschen. Denken Sie bloß nicht, dass das alles das Gleiche ist, denn dann wären Sie sehr weit von der Realität entfernt.

Fangen wir mit den Flaschen an, weil das jetzt ganz schnell geht. PET-Flaschen haben einen ähnlichen Recyclingprozess wie Glasflaschen, hier haben wir eine hohe Effektivität, um natürliche Rohstoffe zu schützen (nämlich Erdöl).

Aber was ist mit all dem anderen Plastikprodukten (als Oberbegriff), die wir haben? Im Juni/Juli 2022 wurde vom deutschen Fernsehsender ARD eine Dokumentation über die „Recyclinglüge" (https://www.ndr.de/fernsehen/Plastik-Die-Recycling-Luege,sendung1288166.html 21.10.2023) veröffentlicht; diese kann sich jeder gerne in der Mediathek oder auf YouTube anschauen. Von den Umwelt- bzw. Klimaschäden spreche ich dann später.

Das Interessante ist, wir verwerten gerade einmal 7 % unseres Plastikmülls. 7 % von ca.+18 Millionen (18.000.000) Tonnen pro Jahr (Stand 2019) allein in der Bundesrepublik Deutschland. Weltweit sind das pro Jahr ca. 368 Millionen (368.000.000) Tonnen (Stand 2019) und die Tendenz ist steigend, massiv steigend. Sie können sich gerne ausrechnen, was dann die 7 % in Deutschland sind, die wir wirklich wiederverwerten. Vermutlich wird es in anderen Ländern nicht sehr viel anders aussehen.

Allerdings erzählt uns der Umweltbeauftragte oder das Amt für Statistik, dass wir 45 % des Plastikmülls in Deutschland wiederverwerten. Irgendwann habe ich in meiner Laufbahn gelernt, dass jede Statistik nur so gut ist, wie ich sie zurechtbiegen kann, und leider stimmt das. Denn viel von diesem Plastik wird ins Ausland verschickt (meistens per Schiff), welches in die Statistik als wiederverwertet eingeht, da wir uns des Problems ja entledigt haben.

Aber was passiert damit in den anderen Ländern? Es wird verbrannt, es belastet die Umwelt und ein Recycling findet nicht statt, aber man kann damit wirtschaftlich sehr viel Geld verdienen und den Menschen ein gutes Gewissen einreden, da wir uns darum kümmern, diesen Rohstoff zu erhalten. Eine tolle Lüge, nicht wahr?

Aber wenn Sie denken, das ist schon alles, dann täuschen Sie sich gewaltig; die Lüge wird noch sehr viel größer. Das, was wir nicht selbst wiederverwerten können, z. B. Plastik, das durch Nahrungsmittel verunreinigt wurde, wird einfach in der nächsten Zementfabrik verheizt. Ja, es wird verbrannt, von der Belastung der Umwelt einmal abgesehen, aber 3 Firmen verdienen sogar noch daran, nämlich die Firma, die es sammelt, und die andere Firma, die es verkauft und zum anderen die Zementfirma, die ja einen günstigen Heizstoff erhält. Wollen wir wirklich für solch ein System sammeln, in dem wir nicht einen Cent bekommen?

Und sollte dann nach dem Verbrennen oder ins Ausland Bringen noch etwas übrig sein, dann kann man doch daraus Bahnschwellen herstellen (diese riechen zwar vielleicht nicht sehr gut, sind aber nützlich) und ich verdiene sogar noch Geld daran, da es gar nicht die technischen Voraussetzungen gibt, unseren Plastikmüll zu einer hohen Quote wiederzuverwerten.

Allerdings gibt es noch eine sehr viel bessere Lüge im Bereich des Recyclings, nämlich unsere Technologie (Altgeräte), sogenannter Elektroschrott.

Schauen wir im Internet, dann sehen wir die schönsten Darstellungen und Beschreibungen darüber, wie diese technologischen Geräte wiederverwertet werden.

Leider ist es eine Seifenblase, die platzt. In Dokumentationen aus Indien können Sie riesige Felder mit Elektroschrott und Müllhalden sehen, Kinder spielen zwischen alten Röhrenmonitoren und Kühlschränken. Ich glaube nicht, dass so etwas mit Recycling gemeint war und Sie wahrscheinlich auch nicht.

Aber was passiert mit den Taschenrechnern, Handys, Computern, Fernsehern, Kühlschränken oder Autos denn nun wirklich? Wir geben sie unterdessen beim Hersteller zurück. Hurra, da kümmert sich jetzt einer darum, dass sein Produkt wieder in die Rohstoffe, aus denen es hergestellt worden ist, zerlegt wird und neue/alte Rohstoffe wieder zur Verfügung stehen. Leider weit daneben, sehr weit. Bei Geräten mit Metallen (Eisen, Kupfer etc.) ist es noch einfach und wird auch, soweit mir bekannt ist, praktiziert. Die Metalle (meistens Legierungen, also ein Verbund von verschiedenen Metallen) werden von den anderen Komponenten getrennt und eingeschmolzen, sodass Eisen, Kupfer und so weiter wieder gewonnen werden können, sich meist aber durch die Legierung in einem schlechteren Zustand befinden. Was daraus gefertigt wird bzw. ob es mit anderen reineren Metallen neu verbunden wird, beschreibt keiner wirklich.

Damit haben wir nur einen Bestandteil dieser Technologie. Informationen darüber, wie die Plastikelemente recycelt werden könnten, waren nicht zu finden; hoffen wir einmal, dass sie auf eine gute Weise in sinnvolle Produkte umgewandelt werden.

ABER da gibt es noch unsere ganze kleine Technologie, die Mikrochips, Leiterplatinen, Kühlmittel usw. Und was, denken Sie, passiert damit? Wir machen es einmal kurz und knackig: nichts. Es wird verbrannt oder irgendwo entsorgt oder deponiert.

Oder kennen Sie die Kleiderberge in Chile, wo nicht Altkleider entsorgt werden, sondern neue ungetragene Kleidung?

Recycling ist dann doch eine schöne Sache, die Menschen glauben, sie tun sich und der Umwelt und den nachfolgenden Generationen etwas Gutes und sparen Ressourcen und Rohstoffe. Aber nein, sie machen die Zukunft für diese Generationen nur schlimmer, so schön der Gedanke auch sein mag.

Würde das System wirklich funktionieren und nicht das wirtschaftliche Handeln im Vordergrund stehen und würden wir uns wirklich bemühen, die Rohstoffe wiederzugewinnen und sie nicht irgendwo verbrennen oder entsorgen, wäre es eine echte Evolution unserer Zeit und ein schönes Geschenk an die Generationen nach uns.

Wie wir merken, ist Recycling gar nicht so einfach, wenn wir es ohne Schäden für unsere Umwelt tun wollen; vor allem kostet es viel Geld und dadurch ist es nicht wirtschaftlich. Hoffen wir, dass irgendjemand einmal eine wirklich gute Idee hat (oder vielleicht gibt es diese sogar schon seit Jahrhunderten), die dafür sorgen wird, dass wir wirklich alles wiederverwerten können, ohne Folgen für die nachfolgenden Generationen.

VI – Nahrung

Im Jahr 2022 lebten bereits mehr als 8 Milliarden (8.000.000.000) Menschen auf diesem Planeten und es werden immer mehr. Sie alle benötigen Kleidung und Nahrung sowie Wasser und Sauerstoff.

Allerdings muss man sagen, dass auch eine Lebensmittelverschwendung stattfindet und dies in nicht unbeachtlicher Form, denn es sind jährlich mehr als 1,3 Milliarden (1.300.000.000) Tonnen weltweit.

Wenn wir von Nahrung sprechen, so müssen wir die Welt sogar noch in zwei Bereiche aufteilen, einmal in die „Industrienationen", die Lebensmittel im Überfluss haben und die Nationen, die nicht zu den Industriestaaten zählen, denn hier hungern über 800 Millionen (800.000.000) Menschen.

Nahrung ist aber sehr viel mehr als nur Essen. Es ist unsere Energie, unser Treibstoff, mit dem wir Menschen funktionieren. Dafür muss man vielleicht das Bild des Menschen mit einer Maschine vergleichen, die auch viele verschiedene Dinge benötigt, wie der Mensch auch. Die Nahrung sorgt dafür, dass unsere Maschine Mensch funktioniert, ob feste oder flüssige Nahrung. Verringern wir die Nahrung oder lassen bestimmte Stoffe wie z. B. Fette oder Vitamine weg, so wird unser Körper nicht mehr wie eine „gut geölte" Maschine funktionieren, auch wenn uns der eine oder andere etwas anderes einreden möchte.

Natürlich benötigen wir viele Nahrungsmittel, ob Obst, Gemüse, Getreide, Fleisch oder andere Produkte. Die Liste dessen, was uns zur Verfügung steht, ist extrem lang.

Wir müssen allerdings, bevor wir richtig zur Sache kommen, ein wenig die Dinge trennen und nein, ich werde bestimmt nicht jedes Produkt, welches für die Herstellung von Nahrung erforderlich ist, auflisten. Das sprengt, wie so vieles, den Rahmen.

Versuchen wir einmal mit etwas Einfachem wie Getreide anzufangen, welches es ja auch in einer großen Vielfalt gibt (darauf möchte ich nicht näher eingehen). Getreide dient dazu, Mehl herzustellen und aus diesem Mehl machen wir dann mit anderen Zutaten unser tägliches Brot (nein, nicht religiös gemeint). Brot gehört genauso wie Nudeln zu den sogenannten Grundnahrungsmitteln, wir benötigen sie alle.

Das Schöne an Getreide (auch wenn es durch die Wissenschaft ertragreicher und widerstandsfähiger gemacht wurde) ist, es ist etwas, das wir alle benötigen und es wächst nach. Es spielt fast nicht einmal eine Rolle, wo wir es anbauen und ernten, denn überall auf der Welt lässt sich das geeignete Klima/der geeignete Boden finden und es kann durch den Transport in jeden Winkel dieser Welt gebracht werden.

Das Schöne an Mehl ist doch, dass man es auch lange lagern kann, um dann erst später die Nahrungsmittel herzustellen. Was wir früher mit Windmühlen (oder Wassermühlen) gemahlen haben, machen heute Maschinen in einem unglaublichen Umfang und die Produkte (ich glaube, ein Blick beim Bäcker reicht) zeigen uns, wie vielfältig dieser Rohstoff ist.

Ähnlich ist es doch mit Obst und Gemüse, einmal abgesehen davon, dass jeder sich ggf. einmal auf Erdbeeren im Winter freut. Obst und Gemüse wachsen genauso nach wie Getreide und auch über die Transportwege können wir es in jeden Winkel der Welt bringen. Leider haben die „Industrienationen" einen anderen Bedarf (Wünsche), als die Entwicklungsländer. Wir bekommen zu jeder Jahreszeit fast jedes Obst und Gemüse (was ja theoretisch nicht möglich ist, da es für die Dinge immer nur bestimmte Zeiten gibt; Kirschen z. B. werden in Deutschland ca. von Juni bis August geerntet). Durch den Transport aus anderen Teilen der Welt können wir Nahrungsmittel aber das ganze Jahr über bekommen, was allerdings natürlich für den Transport Rohstoffe benötigt. Und ja, das Obst und Gemüse werden in den „Industriestaaten" immer exotischer, denn es spielt ja keine Rolle, wo auf der Welt es angebaut wird, es muss nur in ausreichenden Mengen vorhanden sein und transportiert werden.

Und dann haben wir natürlich noch das Fleisch von verschiedenen Tieren und aus verschiedenen Ländern bis hin zu recht exotischen Fleischsorten wie Känguru oder Krokodilfleisch.

Gerade das Fleisch (sowie Milchprodukte) ist laut den Forschern und Klimaaktivisten das, was durch die Produktion von CO_2 für viele Probleme unserer Gegenwart sorgt. Ich persönlich muss nicht jeden Tag Fleisch auf dem Teller haben (zu vegetarisch und vegan kommen wir noch). Trotzdem ist es in Mengen verfügbar. Begriffe wie Massentierhaltung, Freiland oder Bio fallen einem da bestimmt sofort ein.

Tiere benötigen sehr viel mehr Rohstoffe (wie Nahrung, Wasser, Fläche – für den Auslauf) als Getreide oder Obst und Gemüse. Und das, was dabei herauskommt, ist nur ein Bruchteil dessen, was wir an Rohstoffen investiert haben.

Um Gottes Willen, denken Sie nicht, ich möchte Ihnen das Schnitzel ausreden, sondern ich will nur zeigen, wie aufwendig es ist, Fleisch herzustellen und vor allem kostet es Zeit.

Die Produktpaletten in den Supermärkten sind enorm. Eine Vielfalt, damit auch für jeden Geschmack etwas dabei ist.

Wir benötigen diese Nahrungsmittel, damit unsere Maschine, der Körper, funktioniert, auch wenn Nahrungsmittelforscher und Klimaaktivisten bestimmt das Gegenteil sagen.

Aber schauen wir uns doch einmal an, was es mit dem „Vegetarischen" auf sich hat:

(https://de.wikipedia.org/wiki/Vegetarismus 21.10.2023)

Vegetarismus bezeichnet eine Ernährungs- und Lebensweise, welche Nahrungsmittel meidet, die von getöteten Tieren stammen.
Dies sind Fleisch, Fisch (einschließlich anderer aquatischer Tiere) sowie daraus hergestellte Produkte. Anhand der Einbeziehung von Lebensmitteln, die von lebenden Tieren stammen, wie Eier, Milch und Honig, werden mehrere Unterformen des Vegetarismus unterschieden.
Im Veganismus wird auf alle Nahrungsmittel und Konsumgüter tierischen Ursprungs verzichtet.

Das hört sich doch toll an, ich bediene mich nur der beiden ersten Nahrungsmittel wie Getreide, Obst und Gemüse; aber der Mensch ist doch eine Maschine, die funktionieren will und die Nährstoffe, Proteine und Vitamine benötigt unser Körper je nach der ausgeübten Tätigkeit, von dem Einen mehr oder weniger. Allerdings muss man sagen, dass es gar nicht so dumm gedacht ist, denn das, was wir (dazu nachher mehr) vermeiden wollen, ist ja, uns und unserer Umwelt zu schaden.

In einem Bericht über Ernährung (https://www.meindirektlabor.de/magazin/naehrstoffmangel-durch-vegetarische-odervegane-kost/21.10.2023), in dem eine vegetarische, vegane und, ich sage einmal, eine normale Ernährung (mit Fleisch) stattgefunden haben, zeigte, dass, wenn man es auf die rein wissenschaftliche Art betrachtet, die Blutfette in unserem Körper doch recht unterschiedlich waren. Die Einen hatten gute, die anderen nicht so gute (welche auch immer es sein mögen, an das genaue Ergebnis kann ich mich nicht mehr erinnern).

Jede Art von Ernährung hat ihre Vor- und Nachteile, wie alles im Leben.

Aber schauen wir uns das VEGANE noch an, damit wir auch genauer über alles reden können:

(https://de.wikipedia.org/wiki/Veganismus 21.10.2023)

Veganer sind Menschen, die keine tierischen
Produkte wie Fleisch, Fischfleisch, Milch,
Honig und Eier konsumieren. Auch tragen sie
keine Kleidung oder Schuhe, die aus tierischen
Materialien wie Leder, Pelz, Daunen oder Wolle
bestehen. Sie verwenden nur Kosmetikprodukte und
Reinigungsmittel, die keine tierischen Inhaltsstoffe
enthalten und nicht in Tierversuchen getestet
wurden. Darüber hinaus gehen Veganer nicht in
Zoos, besuchen keine Zirkusse mit Tieren und reiten
in ihrer Freizeit nicht auf Pferden.

Ich glaube, wenn man das liest, dann ist es doch nur eine Steigerung von „vegetarisch". Aber funktioniert unsere Maschine Mensch dann noch so, wie sie soll? Wenn man die Wissenschaftler und Forscher fragt, ist das alles in Ordnung, allerdings sollte man dann nicht einmal eine Sendung über die Herstellung Veganen Lebensmitteln angesehen haben.

Dass Produkthersteller von Nahrungsmitteln gerne sparen (was ja eigentlich jede Firma gerne tut, damit sie mehr Gewinn macht) ist, kein Geheimnis. Allerdings sollte man sich das lieber nie genau anschauen, wie vegane Ersatzprodukte für tierische Lebensmittel hergestellt werden, es könnte einem schlecht werden.

Die öffentlich-rechtlichen Sender in Deutschland haben eine Dokumentation mit dem Produktentwickler/Koch Sebastian Lege (https://www.zdf.de/dokumentation/zdfinfo-doku/ lebensmitteltricks--lege-packt-aus--100.html 21.10.2023) ausgestrahlt. Dieser baut in seiner „Hexenküche" die Produkte der Industrie nach, um zu zeigen wie viele künstliche Zusatzstoffe verwendet werden.

Schauen Sie sich eine solche Sendung einmal an (Mediathek oder YouTube). Die Palette der Sendungen ist sehr vielfältig.

Übertrieben gesagt, es wird hier nicht wirklich gekocht, es ist eher ein Chemielabor, in dem unsere Nahrungsmittel in einer Vielfalt hergestellt werden, die erschreckend ist. Gegenüber dem Chemielabor in dieser Dokumentation sieht Labskaus noch richtig appetitlich aus.

Dass überall geschummelt oder gelogen wird, ist wie gesagt kein wirkliches Geheimnis, wir wissen es doch, oder?

Die Protein-Lüge ist in dieser Dokumentation wirklich toll dargestellt. Proteine brauchen wir, um Muskeln aufzubauen, aber die Produkte, die uns da verkauft werden und nur gut aussehen, beinhalten weniger Protein als ein Becher Quark (Anschauen lohnt sich).

Noch besser wird es bei den veganen Produkten. Dies sollen Produkte sein, die den vermeintlich tierischen Produkten ähneln. Aber wenn Sie Veganer sind, schauen Sie diese Dokumentationen nicht an, denn das Chemielabor, das da benutzt wird, könnte für sehr unangenehme Reize sorgen.

Egal, wie wir es sehen, drehen und wenden wollen, wir brauchen Nahrung und wir wollen nicht jeden Tag das gleiche essen und dabei werden wir noch als kleines Dummerchen hingestellt, damit andere mehr Profit machen können.

Trotz der Vielfalt an Produkten (die Regale sind ja immer voll) gibt es über 800 Millionen Menschen auf dieser Welt, die nicht genug Nahrung haben, egal ob die Industrie trickst oder nicht. Wir alle benötigen Nahrung.

Und warum werden dann von den Industrieländern jährlich mehr als 1,3 Milliarden Tonnen weggeschmissen oder vernichtet? In diesem Zusammenhang scheinen mir die Tricks der Industrie eher harmlos, denn wir leben alle auf demselben Planeten, alle wollen helfen, ihn für die Generationen nach uns zu einer besseren Welt zu machen.

Oft sollte man sich die Definition von Begriffen nicht wirklich genauer anschauen, da einem dann Zweifel an der Bedeutung kommen.

VII – Bildung

Bildung, ein schwieriges Thema, denn wahrscheinlich werden mich nach den Zeilen die studierten und hochbegabten (intelligenten) Menschen dafür auseinandernehmen.

Jeder von uns muss lernen, ich würde sagen, über die Grundlagen von allem. Dies fängt im Zuhause, im Kindergarten oder in der Schule an. Wir sind jung, unser Gehirn kann in diesem Alter die Informationen gut aufnehmen und wir können viel lernen. Je älter wir werden, umso schwieriger wird es, für uns neue Dinge (z. B. Technologie) zu verstehen, aber auch Zusammenhänge verschiedener Ereignisse.

Wir fangen klein an und lernen die natürlichsten Dinge wie essen, trinken, anziehen und so weiter, das bekommen wir oft von zu Hause mit, wenn wir nicht gerade Eltern haben, die uns dieses abnehmen und wir es dadurch nicht lernen können.

Im Kindergarten lernen wir dann, durch Spielen die Dinge zu verstehen (Sandburgen Bauen, Basteln, Malen und noch viel mehr).

Das wirkliche Lernen beginnt aber doch wirklich erst in der Schule. Aber einmal ehrlich, hat sich da wirklich etwas in den letzten Jahrzehnten geändert? Viele werden sagen, ja, es hat sich viel verändert, aber ist das, was sich verändert hat, auch das, was wir brauchen, um später auf das Leben ohne Unterstützung (Eltern) vorbereitet zu sein?

Wir müssen die Grundlagen lernen und ich glaube, da stimmen mir viele zu. Was sind aber Grundlagen (in jedem Staat)? Eigentlich sollten es dieselben sein. Schreiben, Lesen, Rechnen und wenn man sich die Jugendsprache anschaut, wahrscheinlich auch die Kommunikation (einmal einen klaren, deutlichen Satz bilden zu können) und zu lernen, uns etwas zu merken und damit sind nicht Werke von Friedrich Nietzsche (Philosoph vor 1900) gemeint. Damit wir auch lernen, Dinge zu behalten – bestimmt sind Gedichte oder Lieder hier von Vorteil – aber wir müssen es einfach üben.

Doch haben Sie einmal die Sprache der Jugend mitbekommen, die ja sogar unterdessen in den Duden aufgenommen worden ist? „Digga" (was so viel bedeutet wie „Freund" und 10x in einem Satz verwendet wird), „Melonenhalter" (Jugendbegriff für BH) oder unvollständige Sätze aus meist mehr als einer Sprache, die keinen Zusammenhang ergeben und v. a. „du weißt doch, was ich meine" und nein, ich weiß es nicht, hier sollte wohl einmal ganz deutlich nachgebessert werden.

Bestimmt sollten wir auch Geografie (wo liegt ein Land, eine Stadt – nicht übertrieben genau), die Grundlagen der Physik und Chemie und v. a. die Zusammenhänge der Natur verstehen und Anatomie.

Geschichte ist bestimmt auch sinnvoll, nur ist es doch eigentlich unwichtig, wie viele und welche Kriege es gab (ob 1 oder 2 Weltkriege, die Römer oder Bürgerkriege, die viel Leid gebracht haben); die Frage, die hier eigentlich wichtiger ist: WIESO wurden diese geführt, was wollte ein Napoleon oder Caesar damit erreichen, dass er sein Reich so vergrößert hat? Die Fragestellung und nicht das Wissen, das man dann noch haarklein wiedergeben soll, sind wichtig, sondern die Gründe, Gedanken und v. a. deren Zweck.

Aber die meisten die dies gelesen haben, werden das schon alles hinter sich haben und einmal ganz ehrlich, wie viele der

Dinge, die Sie damals in der Schule gelernt haben, haben Sie auf das Leben danach, den Beruf, Haushalt und so weiter wirklich vorbereitet?

Sport sehe ich ja noch als sinnvoll an, denn wir alle benötigen Bewegung, um uns körperlich fit zu halten; auch vielleicht eine zweite Sprache, damit wir uns verständigen können, aber im Notfall kann man sich auch mit Handzeichen oder Zeichnungen verständigen, es ist eben eine Sache der Ansicht.

Politik (Grundlagen) ist bestimmt ebenfalls erforderlich, denn wir sollten ja wissen, wie unser Land funktioniert.

Aber Religion (interessiere ich mich dafür, dann werde ich zu der entsprechenden Organisation gehen) und höhere Mathematik für den täglichen Gebrauch? Ich habe so etwas noch nie wirklich benötigt. Viele andere Dinge helfen uns nun wirklich später nur in bestimmten Berufsgruppen weiter und das entsprechende Wissen werden wir dann in der Ausbildung lernen, aber so früh ist das etwas übertrieben, denn bis zur Ausbildung vergehen noch Jahre und bis dahin haben wir viel des Erlernten vergessen.

Ich weiß nicht, wie es Ihnen in der Schule ergangen ist, aber hat mich ein Thema interessiert, so habe ich mich in eine Bibliothek (damals gab es das Internet noch nicht) zurückgezogen und gelesen, nur mit einem Unterschied: Ich wurde nicht gezwungen, etwas nach Lehrplan zu lernen, sondern ich habe dies freiwillig getan.

Dies hat sich auch bis heute nicht wirklich verändert (denn heute kann ich im Internet unzählige Seiten aufrufen und finde auf fast jeder andere Informationen zu einem Thema). Aber so, wie ich mich hinsetze und versuche zu verstehen, tun viele es leider nicht.

Haben Sie sich einmal mit Freunden unterhalten, die dann von skurrilen Hobbys oder Praktiken erzählt haben? Bestimmt! In den meisten Fällen verurteilen wir dies, weil wir es nicht verstehen. Beschäftigt man sich allerdings ein wenig mit dem Thema, dann kann man erkennen, was es mit bestimmten Praktiken auf sich hat. Einige sind wirklich skurril und man mag sie nicht, aber ich kann vielleicht nachvollziehen, warum jemand dies tut.

Wir lernen, selbst wenn wir schon lange nicht mehr in der Berufswelt sind und wir werden damit bis zu unserem Tod nicht wirklich aufhören, aber nach einem Fahrplan, den uns andere vorgeben. Jeder von uns lernt anders, egal ob man eine Behinderung hat oder nicht. Jeder hat ein anderes Tempo, Dinge zu verstehen und zu verarbeiten. Deshalb ist keiner dumm, wir sind einfach nur unterschiedlich.

Leider sind wir nach der Schule auf viele Dinge, die uns später erwarten werden, nicht wirklich vorbereitet, weil wir Zusammenhänge nicht erkennen. Gerade jetzt im Jahr 2022 (Krieg in Europa) verstehen viele nicht die Zusammenhänge der Wirtschaft, auf die sich fast alles stützt. Oder die Neuberechnung der Grundsteuer (Deutschland), die Folgen des Brexits, das Zusammenspiel der weltweiten Politik.

Wir beschweren uns, weil wir von irgendeinem Entlastungspaket nichts abbekommen, aber haben wir überlegt, warum wir ggf. von diesem Paket nichts abbekommen?

Wir beschweren uns, weil die Produkte teurer sind (September 2022 bei Penny) und eine Tiefkühlpizza 7 Euro kostet. Ja, Sie haben richtig gelesen: 7 Euro. Da geht einem die Hutschnur hoch, nur denken wir nicht darüber nach, wieso dem so ist. Die Rohstoffe, der Transport, die Produktion, die Auslieferung, die Firma (möchte ja ihre Angestellten bezahlen und ggf. sogar noch einen Gewinn machen) haben sich durch den Krieg in Europa verändert, nur verstehen wir nicht das Zusammenspiel dieser ganzen einzelnen Prozesse.

Wir verstehen nicht, warum wir Energie (in welcher Form auch immer) sparen sollen, da ja immer genug vorhanden war. Die Kohlekraftwerke und Atomkraftwerke sollen abgeschaltet werden und wir haben vor der Abschaltung nicht genug Alternativen geschaffen, um selbst genug zu erzeugen, daher kaufen wir es dann bei einem Anderen.

Die Dinge zu verstehen, ist oft nicht wirklich einfach, aber wenn uns die Grundregeln dieser Dinge nicht früh beigebracht werden, dann werden wir quengelig (unzufrieden).

Doch dem allem zum Trotz wird uns erzählt, wir sollen noch studieren, damit wir angeblich einen besseren Job bekommen, besser verdienen. Nur leider haben die gescheiten Menschen dabei wohl etwas vergessen, denn wir benötigen auch die Menschen, die – wie sagt mein Vater es immer gerne – „niedere Arbeiten" verrichten. Wir brauchen Handwerker, wir brauchen Menschen, die unseren Müll transportieren, Menschen, die Produkte am Fließband herstellen und nicht nur die „Hochqualifizierten".

VIII – Beruf

Nachdem wir eigentlich in der Schule die Grundlagen für unser weiteres Leben gelernt haben, beschäftigen wir uns damit (meistens in den letzten Jahren der Schulzeit durch Praktika), welchen tollen Beruf wir lernen wollen, oder wir haben ehrgeizige Eltern, die wollen, dass wir etwas Besseres werden als sie (Blödsinn, denn jeder Beruf ist etwas Gutes). Wichtig ist es doch, dass er mir liegt, ich Freude daran habe und dadurch vielleicht sogar bessere Leistungen erbringe als der, der gezwungen wurde, diesen Beruf zu machen.

Wenn wir uns dann für ein Handwerk entschieden haben und leider, wie eben schon gesagt, erzählt man uns, dass wir studieren sollen (für einige Berufe ist das wirklich erforderlich, wie z. B. bei Ärzten und noch vielen weiteren Berufen; hierfür sollte man aber z. B. einen guten Umgang mit Menschen haben und v. a. nicht alles nach dem Standard-Prinzip behandeln).

Nach Jahren, in denen Firmen, Regierungen und hochqualifizierte Menschen uns immer wieder dasselbe eintrichtern, fangen die Probleme unserer Gesellschaft hier eigentlich schon an.

Firmen lagern die Produktionen ins Ausland aus (weil es ja weniger kostet), aber was ist mit der Umwelt bezüglich der Transportwege? Wir sollen studieren, aber stehen dem Arbeitsmarkt nicht wirklich zur Verfügung (denn ein Studium kann mehrere Jahre dauern und kostet ganz schön viel Geld, welches wir uns ja leihen, damit wir lernen können). Das redet man uns seit Jahren ein, aber es geht weit an der Gesellschaft und den Bedürfnissen jedes Landes vorbei.

Haben wir uns aber nach der Schule wirklich für einen Beruf entschieden (z. B. Handwerker), so lernen wir dort in der Ausbildung das, was wir benötigen, um diesen Beruf richtig auszuüben. Ob es Kabel oder Fliesen verlegen, Häuser bauen oder sonst etwas ist.

Die Schule sollte uns die Grundregeln beigebracht haben, die Ausbildung unsere Fähigkeiten nutzen, damit wir darauf aufbauend gute, qualifizierte Berufe erlernen und ausüben können.

Dies geschieht aber wie alles andere nicht von heute auf morgen, wir brauchen Jahre, um die Grundlagen des Berufs zu erlernen und selbst dann ist nicht Schluss, denn im Laufe der Jahre erhalten wir immer wieder „Updates", weil sich die Technik, die Regeln (und davon gibt es zu viele, die wieder von „hochqualifizierten" Menschen gemacht worden sind) und die Materialien sich verändern (von der Entsorgung hatte ich schon teilweise berichtet).

Ich selbst habe einen technischen Beruf gelernt, ich weiß, wie man Kabel verlegt (selbst 220 Volt), kann Metalle bearbeiten und noch vieles mehr. Also ich bin handwerklich nicht wirklich ungeschickt, aber ich würde mich nie mit einem Elektriker oder Tischler vergleichen, das spezielle Wissen, das sie haben, habe ich noch lange nicht.

Und jetzt kommen diejenigen, die sagen, ist doch alles ein Klacks, ich schau' mir einmal eben ein Video bei YouTube an, kaufe mir eine Zeitschrift und dann kann ich das selbst machen. Oft geht das gut, aber leider nicht immer, dafür fehlt uns die Ausbildung, um dieses wirklich so zu machen, wie es uns die Vorschriften sagen.

Und soll ich Ihnen jetzt sagen, dass vieles, was ich damals in der Ausbildung gelernt habe, heute gar nicht mehr benötigt wird (zumindest bei mir im Berufsleben nicht mehr)?

Viele von uns arbeiten heute an Computern (schön, geht auch im Homeoffice), nur hat dies mit dem Kabelverlegen nicht mehr viel zu tun.

Man lernt weiter, verändert sich. Neue Interessen, ob beruflich oder privat, sorgen dafür, dass wir andere Dinge lernen.

Wir können zwar den Computer bedienen, aber wie wir in den meisten Fällen ein Problem lösen (Software oder Hardware kommt gleich), ist vielen, die sich nicht etwas näher damit beschäftigt haben, unbekannt. Da ich ein wenig weiß (ich bin bestimmt nicht der Spezialist), könnte ich vielleicht das eine oder andere Problem lösen, allerdings bei Firmeneigentum darf man das nicht, dafür gibt es in den Firmen Spezialisten.

Bei der Hardware (z. B. CD-ROM-Laufwerk) wäre es ja theoretisch sehr einfach, falls dies nicht mehr funktioniert, dieses auszutauschen, privat werden viele so etwas schon gemacht haben. Einen ganzen Rechner zusammenbauen ist da schon etwas schwieriger und man sollte lieber ein wenig Vorsicht walten lassen.

Die Software ist allerdings ein ganz anderes Thema, denn hier haben studierte Leute (Informatiker) etwas produziert, das Abläufe darstellt und für Anwender zum Teil schwer nachvollziehbar ist.

Als Beispiel nehmen wir eines der bekanntesten Betriebssysteme (Microsoft Windows) her. Hier entscheiden die Firma, die Entwickler oder nur ein Mensch, weil er eine tolle Idee hat, wie es funktioniert und bedient werden soll, allerdings sagt man uns nicht alles und egal, ob es das Betriebssystem für den PC oder das Handy ist, sie alle wollen nur zwei Dinge von uns:

Unsere persönlichen Daten sowie unser Geld! (siehe Internet)

Allerdings sind wir etwas abgeschweift. Die Berufswelt ist vielfältig. Die Namen der Berufe ändern sich ständig. Ein Grundberuf und weitere Jahre der Ausbildung oder Fortbildung bringen uns dann zwar geldlich etwas weiter, allerdings ist es immer noch derselbe Beruf mit einigen erweiterten Fähigkeiten.

Diese Ausbildung bzw. Weiterbildung kostet sehr viel Zeit und Geld. Wäre es nicht sinnvoller zu sagen, man bekommt eine Grundausbildung in einem Beruf und dann eine Schulung/Seminar, um eine Spezialisierung in diesem Beruf zu erhalten?

Dies mag zwar vielleicht bei vielen Berufen möglich sein, aber wenn man dann selbst Ausbilden möchte, ist *doch ein wenig* mehr Wissen erforderlich, da ist es schon sinnvoll, sich wirklich wieder auf die Schulbank zu setzen.

Denkt doch einmal nach, vom Großen und Ganzen ist es dasselbe nur mit verschiedenen Spezialisierungen; kein Wunder, dass wir dann lieber studieren, als einen Beruf auszuwählen, weil man nämlich gar nicht mehr weiß, was man eigentlich lernen soll. Woher weiß man, was man studieren sollte, denn auch hier sind die Möglichkeiten extrem vielfältig. Zudem verspricht man uns, dass man als Akademiker gut verdient und die Arbeit ist eher geistig als körperlich. Ein toller Job am PC, gutes Einkommen ... das klingt verlockend, oder (auch hierfür müssen wir erst einmal lernen)? Durch diesen Umstand, dass körperliche Jobs (oft schlecht geredet werden) nicht so gut bezahlt werden, entscheiden sich heute viele Menschen für „geistige" Tätigkeiten, welches uns ja immer wieder eingeredet wird, der Trend ist hier sehr eindeutig.

Egal, wie wir es drehen und wenden wollen: Ein Beruf, ein Job ist eine Tätigkeit, der wir nachgehen, je nachdem, was wir an Grundlagen gelernt haben, welche Interessen wir haben und welche Vorstellungen, um etwas zu verändern/verbessern.

Aber egal, wie wir unsere Fähigkeiten (Talente) einsetzen, wir brauchen den Ingenieur (zum Planen, obwohl das ab und zu schief läuft – wir denken an den neuen Berliner Flughafen), den Handwerker, der uns die sanitären Einrichtungen installiert, den Programmierer, der schöne Programme erfindet, die uns helfen sollen (natürlich auch für die Freizeit), den Menschen, der den Müll einsammelt oder die vielen Menschen, die darauf achten, dass Recht und Ordnung herrschen (nicht nur die Polizei). Auch, dass Straßen und Wälder in einem guten Zustand bleiben. Natürlich dürfen wir auch die Pflege nicht vergessen …

Wie wir erkennen, sind all diese Jobs (Berufe) erforderlich. Wenn wir essen gehen wollen, dann wollen wir natürlich auch bekocht und bedient werden und uns nicht selbst im Restaurant hinstellen und kochen (nur ein einfaches Beispiel).

Es gibt viele Berufe, in denen die Menschen nicht so viel Geld verdienen wie andere, aber ich persönlich finde, dass eine Friseurin, ein Verkäufer und sogar der Mann/die Frau von der Müllabfuhr oder die Menschen, die Recycling betreiben, Abwasser betreuen etc. von jedem von uns eine Menge Respekt verdient haben. Denn sie machen Jobs, von denen sie denken, sie tun uns allen etwas Gutes, helfen dabei, alles in Bewegung zu halten. Ehrlich, mein Respekt, es sind nicht gerade leichte Tätigkeiten.

IX – Menschen

Der Dramatiker William Shakespeare hat eine sehr schöne Beschreibung für den Menschen gewählt:

(https://www.zitate.eu/autor/william-shakespeare-zitate/91251 21.10.2023)

> *„Welch ein Meisterwerk ist der Mensch! Wie edel*
> *durch Vernunft!"*

Ja, der Mensch ist *ein denkendes* Wunderwerk, von der Bewegung angefangen bis zum Handel und sogar unser Körper ist in der Lage, sich selbst (bis zu einem gewissen Grad) zu heilen.

Menschen sind vielfältig, wie alles auf unserem Planeten. Wir leben in unterschiedlichen Ländern, sprechen unterschiedliche Sprachen, haben verschiedene Glaubensrichtungen, verschiedene Kulturen und Geschichten und Hautfarbe, dennoch sind wir alle Menschen, denn wir sind alle Bewohner – oder wie wird es in „Babylon 5" genannt – „Söhne und Töchter" dieses Planeten.

Aber leider stimmt es doch nicht wirklich, denn schon in der Bibel (und wahrscheinlich auch in anderen Büchern des Glaubens) stellen sich Brüder gegen Brüder (oder Schwestern).

Es spielt doch keine Rolle, aus welchem Land wir kommen oder welche Hautfarbe wir haben, wir wollen doch alle in guten Verhältnissen leben; also warum verurteilen wir dann Menschen, die eine andere Hautfarbe haben oder aus einem anderen Land als ich stammen (je nach Land, aus dem man stammt)?

Sprachen können wir lernen oder sogar dank moderner Technologie in Echtzeit übersetzen.

Glaube ist in der heutigen Zeit eines der großen Probleme, denn viele Glaubensrichtungen sind der Meinung, dass nur IHR Glaube der einzig richtige ist. Es spielt doch keine Rolle, an wen oder was ich glaube und KEINER (wirklich keiner) hat das Recht, mir seinen Glauben oder seine Ansichten aufzuzwingen. Wir sollten aber den Glauben und die damit verbundenen Rituale anderer Glaubensrichtungen tolerieren und nicht bekämpfen, denn auch hier verursachen wir dadurch nur Leid.

Kulturen und die Geschichte jedes Landes sind anders, die Lebensweisen sind anders und je mehr wir nach Osten gehen, desto ungewöhnlicher sind sie für einen Europäer – bestimmt ist es auch andersherum so. Aber warum müssen wir versuchen, anderen Kulturen unseren Standard aufzuzwingen, sie dazu zu bringen, ihre Kultur und Geschichte zu vergessen, damit sie genauso sind wie wir?

Jeder Mensch (ob Frau, ob Mann oder andere Gender) ist einzigartig.

Verurteilen sollten wir keinen, egal welche Hautfarbe, Herkunft, welches Geschlecht oder welcher Glaube. Wir sollten verstehen lernen, was es mit anderen Ansichten auf sich hat. Der andere Mensch ist nicht schlechter als ich, weil er anders lebt, er trägt genauso wie ich seinen Teil zur Gesellschaft seines Landes (und nur in wenigen Fällen zum Wohl unseres Planeten) bei.

Wir reisen um die Welt, um unbekannte Orte, Kulturen und Menschen kennenzulernen und bestaunen, was diese geschaffen haben und vergessen dabei, was wir ALLE schon in der Vergangenheit oder in der Gegenwart geschafft haben.

Wir haben vergessen, welche Errungenschaften wir schon hinter uns haben, wie wir es geschafft haben, mehr Evolutionsstufen (Weiterentwicklung) zu überwinden durch Fortschritt und Technologie.

Wir alle stöhnen nur noch herum oder beschweren uns, da läuft etwas nicht rund, das gefällt mir nicht und das sollte man anders machen. Aber man sollte einmal den Kopf einschalten und verstehen, warum Dinge so sind, dann versteht man sehr schnell, dass es anders ist und es bestimmt andere Möglichkeiten (denn nicht immer ist die erste Idee die beste) gibt.

Bei einem Gespräch mit einem Freund, dessen Stromvertrag ausläuft, hörte ich einmal etwas genauer zu und soll ich Ihnen sagen, er hat die Zusammenhänge nicht verstanden.

Seit Jahren wollen die Umweltaktivisten, dass wir aus Kohle, Gas und Atomkraft aussteigen und ehrlich, für die Umwelt ist es besser, nur leider ist das nur die halbe Wahrheit.

Nehmen wir als Beispiel ein Kohlekraftwerk, das 1000 Kilowatt pro Tag (ich habe nicht geschaut, wie viel es wirklich erzeugt) produziert. Wenn wir es abschalten, haben wir die 1000 Kilowatt nicht mehr. Aber anstatt sich rechtzeitig eine Alternative (und das bei den Mengen an Strom, die wir verbrauchen) zu überlegen, wird das Kraftwerk abgeschaltet. Somit kommen die ersten, die sich beschweren, weil der Strom teurer wird, denn wir produzieren ihn ja nicht mehr, sondern kaufen ihn in einem anderen Land. In gewisser Weise hat der Mann/die Frau ja recht, wenn er/sie sich beschwert weil keiner vorher daran gedacht hat, die 1000 Kilowatt zu erzeugen durch eine Alternative (Solar, Wind, Wasser usw.).

Nehmen wir dies als Beispiel, sollte man sich die Frage stellen, was von der Vernunft noch da ist, denn viele von uns würden so denken. Leider muss ich sagen, dass da viele versagt haben.

Ob Regierungen, Energieunternehmen, Umweltschützer oder wer auch immer hätten sich vorher darüber Gedanken machen sollen/müssen und nicht dann, wenn es zu spät ist. Aber wir wollen nicht alles anderen in die Schuhe schieben, denn es gibt in diesem Zusammenhang noch ein sehr viel größeres Problem. Die Organisationen, die dies umgesetzt haben, bestehen nicht aus 1 Person, sondern meistens aus vielen Menschen/Organisationen, die Veränderung fordern. Jeder, der bei solch einem Beschluss dabei ist, möchte, dass seine Idee dabei auch noch verwirklicht wird. Wenn man dann endlich einig ist, kommen die nächsten, die sagen, das dürfen wir aber nicht so bauen, weil dort eine seltene Blume wächst, Tiere etc. leben. Selbst wenn diese Probleme endlich unter Dach und Fach sind, dann wird das Finanzielle geprüft und genau an diesem Thema scheitern dann die tollen Beschlüsse. Wer soll dies bezahlen?

Eigentlich kann man hier einen simplen Grundsatz anwenden, denn je mehr Menschen gemeinsam etwas beschließen wollen, desto schwieriger wird man sich einig. Nach dem Motto „Viele Köche verderben den Brei". Dies hängt damit zusammen, dass jeder gerne seine speziellen, lukrativen Vorstellungen/Ideen (ggf. auch finanziell) einbringen bzw. auch umsetzen möchte.

Übertrieben erfindet jeder sinnbildlich das Rad neu und dann scheitert alles, weil keiner es bezahlen möchte oder es einfach zu viel kostet, oder man sieht eher seinen privaten Vorteil.

Irgendwie ist das doch ironisch, denn jeder von uns Menschen hat Verstand und auch wenn wir Dinge anders verstehen, lernen oder ausüben, so sind wir doch alle mit dieser Vernunft ausgezeichnet.

Warum setzen wir nicht unsere Vernunft ein, wir möchten doch ein wertvolles Mitglied der Gesellschaft werden und uns für Dinge einsetzen (Rettung unseres Planeten), etwas erreichen (ein Haus bauen und so weiter).

Eigentlich liegt in der Frage schon die Antwort: Wir wollen alle etwas verändern (übertrieben gesagt, uns in der Geschichte verewigen). Nur gibt es dabei ein Problem, dies sind leider oft Entscheidungen, die mehr Schaden anrichten, als sie nutzen.

Das große Problem besteht hier in der Kommunikation (in dem miteinander Reden). Es ist ja nicht nur das Reden, sondern genauso das Zuhören, aber wenn wir nicht klar und deutlich sagen, was wir wollen oder verändern möchten, dann kommt es zu so vielen Missverständnissen, dass die Kommunikation versagt. Wir sind alle gleich und trotzdem haben wir alle verschiedene Vorstellungen von dem, wie man etwas verändert (siehe Regierung). Demzufolge scheint es extrem schwer zu sein, auf einen Nenner zu kommen, auf dem alle dasselbe wollen, sie wollen es ja nur, können sich aber nicht so verständigen, dass es auch wirklich umgesetzt werden kann. Gerade in letzter Zeit fiel mir etwas besonders auf. Haben Sie einmal geschaut, wie viele Menschen uns unterdessen erzählen wollen, wie wir uns richtig ernähren, Sport treiben, Depressionen überwinden oder uns erzählen, wie die Geschichte wirklich war? Falls nicht, dann sollten Sie dies einmal tun. Unterdessen schreibt fast jeder (ob Buch, Hörbuch oder Video), wie wir uns richtig ernähren oder was gut für uns ist. Wir sind aber alle verschieden, was bei dem Einen funktioniert, muss nicht bei dem Anderen funktionieren. Ich glaube, das beste Beispiel, das viele selbst kennen, ist eine Diät.

Die Vielfalt dieser Schriftstücke nimmt immer mehr zu, weil wir verlernt haben, es selbst zu machen, zu lernen, auf uns und unser Bauchgefühl zu hören. Wir verlassen uns darauf, dass andere uns sagen, wie wir uns ernähren, kleiden und leben sollen, allerdings kann uns dies niemand abnehmen; wir selbst müssen diese Entscheidung treffen und mit dem Ergebnis leben.

Es gibt so viele Menschen, die meinen, dass sie uns sagen müssen, wie wir etwas zu tun haben (Ratgeber), um unsere Schwierigkeiten in den Griff zu bekommen (Gewicht, Gesundheit usw.), nur ohne die eigene Initiative wird es keiner schaffen/keinem gelingen.

X – Freizeit/Urlaub

Ich glaube, es sind die schönsten Begriffe, die wir kennen: Freizeit und Urlaub, die Zeit zum Erholen, Regenerieren, um Spaß zu haben, um einfach abzuschalten, wodurch auch immer, Sport, Lesen, Reisen, Sonnen, Baden oder wie die Jugend es heute nennt: „einfach chillen".

Aber tun wir dies wirklich? Haben Sie sich einmal an den Straßenrand gesetzt und geschaut, was die Menschen treiben, oder beim Einkaufen oder Spazierengehen, das sollten Sie sich wirklich einmal gönnen, Ihnen wird eine Menge auffallen.

Die Zeit, in der wir nicht arbeiten, sollten wir dazu nutzen, den Stress abzubauen und uns zu erholen.

Ich persönlich gehe sehr viel spazieren (früher mit Hund, heute eher alleine) und man sieht die Menschen, die Ohrstöpsel tragen, Mütter, die das Handy beim Kinderwagenschieben mit Sprachnachrichten vollsprechen. Menschen, die ihre Umgebung gar nicht wirklich wahrnehmen. Jugendliche, die mit E-

Rollern durch die Gegend fahren, Partys, die bis in die frühen Morgenstunden gehen.

Durch unsere Arbeit und durch die wenige Zeit, die wir danach haben, nutzen wir unterdessen in unserer Freizeit jede Minute, um dem Stress zu entfliehen. Wir lesen, wir hören, wir reden (ins Handy), damit wir mehr Zeit haben, ins Kino zu gehen, zu essen, um fernsehen zu können oder einem Sport nachzugehen (den Extremsport lasse ich einmal absichtlich weg).

Aber haben Sie sich schon einmal gefragt, warum die Jugendlichen chillen? Das Abschalten nach der Arbeit, wo wir ja keine Zeit haben oder uns die Zeit nicht nehmen, um Dinge in Ruhe zu machen, benutzen wir, um „faul auf der Couch zu liegen" – einfach nichts tun.

Bestimmt wird der Eine sagen, es hilft mir, mich zu entspannen. Nur lassen wir uns den ganzen Tag von den Technologien davon abbringen, dies wirklich zu tun (mehr dazu unter „Medien und Internet").

Der Urlaub sind die 2-6 Wochen im Jahr, in denen ich meine Arbeit vergessen kann und mich nur um meine Interessen kümmern kann.

Wir reisen in weit entfernte Länder, oft, wenn man Mallorca hört, wahrscheinlich nicht, um wirklich zu entspannen, sondern um Party zu machen. Faul in der Sonne zu liegen und es sich einfach gut gehen zu lassen. Ist doch Erholung.

Wir hetzen in der heutigen Zeit von einem Termin zum nächsten, ob Freunde, Einkaufen, Arbeit, Sport oder sonst etwas, allerdings bilden wir uns ein, wenn wir auf dem Weg zur Arbeit dann Musik (oder Hörbücher) hören, hilft uns das bei der Entspannung, die wir benötigen. Nein, wir lenken uns nur ab und registrieren im schlimmsten Fall nicht, dass ein Auto mich fast umgefahren hätte.

Eltern, die ihre Kinder auf dem Spielplatz beobachten sollten, damit ihnen nichts passiert, schauen lieber aufs Handy und versenden Nachrichten; später wundern sie sich, wie ihr Kind sich verletzen konnte.

Die Menge an Beispielen dazu, was wir alles so in der Freizeit/Urlaub machen, sind endlos. Nur beschränken sich diese nicht nur auf diese Zeit, sondern wir nutzen unterdessen jede Minute, egal wo und egal wann und wozu. Wenn man dies sehr krass sehen möchte, könnte man glatt zu dem Schluss kommen, wir wüssten uns eigentlich nicht mehr selbst zu beschäftigen. Schon ironisch.

Jugendliche nehmen E-Roller, um schneller von A nach B zu kommen und mehr Zeit für andere Dinge zu haben, aber war da nicht etwas mit Bewegung, damit wir nicht zu Übergewicht neigen?

Nein, wir haben nicht mehr Zeit, die Zeit ist eine Konstante. Ein Tag hat 24 Stunden, von denen wir ca. 8 Stunden schlafen, somit würden uns noch 16 Stunden bleiben. Ziehen wir dann noch unseren Arbeitstag inkl. Fahrzeit ab, bleiben, wenn wir Glück haben, noch ca. 8 Stunden. In diesen 8 Stunden verbringen wir eine Zeit im Bad (Toilette oder „Zurechtmachen"), müssen vielleicht noch einkaufen, treffen jemanden, kochen und reden mit jemandem und schon ist der ganze Tag vorbei; da gab es die Zeit der Erholung nicht.

Wir hetzen von einem zum anderen Ort, ohne uns wirklich die Zeit zu nehmen, die Freizeit/den Urlaub einmal zu genießen und uns zu entspannen, denn oft will doch immer der Eine oder Andere etwas von uns.

Wir haben verlernt, was es heißt, sich zu entspannen (wir nehmen uns nicht die Zeit), wieder auf den Boden zu kommen (und da schließe ich mich persönlich nicht aus). Wir müssen wieder lernen, uns zu entspannen.

Natürlich darf jeder für sich selbst entscheiden, was er machen möchte, aber wir sind Menschen und brauchen auch einmal eine Pause.

XI – Medien

„Medien", ein schönes Wort und ich möchte in diesem Abschnitt nur von zwei der vielen Medien sprechen, den Printmedien und dem Fernsehen.

Eines auf jeden Fall vorweg: Die Medien manipulieren uns (nicht immer, aber doch recht häufig). So etwas hatte James Orwell in seinem Buch 1984 beschrieben (Erscheinung 01.06.1994, 384 Seiten, ISBN-13 978-3548234106). Glauben Sie nicht alles, was Ihnen die Medien (in welcher Form auch immer) vorsetzen. Hinterfragen Sie einmal und bilden Sie sich Ihre eigene Meinung. (Beispiele nenne ich am Ende dieses Abschnitts)

Jeder von uns hört oder sieht am Tag die Nachrichten im Radio oder Fernsehen fast jede halbe Stunde für 5 Minuten. In der Tagesschau am Abend sind es dann schon 15 Minuten oder über News-Apps auf dem Handy, wo wir regelmäßig Benachrichtigungen bekommen. Aber erfahren wir dann wirklich alles, was in der Welt geschieht? Die Zeit der Nachrichten ist mit regionalen, nationalen, weltweiten Nachrichten und Sportberichten vollgestopft. Hinzu kommt noch, dass wir nur einen Bruchteil von dem erfahren, was wirklich um uns herum geschieht und verstehen können wir es deshalb noch lange nicht.

Nehmen wir die Printmedien (Zeitschriften, Magazine) her. Das Angebot ist extrem vielfältig: Tageszeitungen, Klatsch und

Tratsch bis hin zu Tests von Technologie und wie man kocht, was man essen sollte, Sport und noch so viele andere Themen.

Und ja, es gibt nicht nur EINE Zeitschrift oder EIN Magazin, das über dasselbe Thema berichtet, es gibt unzählige davon und glauben Sie, wenn Sie 10 Zeitschriften haben, dass in allen wirklich etwas anderes steht? Ironischerweise sind die Verfasser der Artikel oft dieselben.

Und glauben Sie wirklich, dass es so viele Wahrheiten zum selben Thema gibt? Als Beispiel nehmen wir einmal das beliebteste Fortbewegungsmittel: das Auto. In all diesen Zeitschriften wird es getestet und jede Zeitschrift kommt zu einem anderen Ergebnis, was auch immer die Gründe dafür sein mögen (Geld und Einfluss fallen mir da auf jeden Fall ein).

In vielen Fällen sind es oft nur persönliche Empfehlungen (Eindrücke), die nichts mit den Tests als solchen zu tun haben. Bei der Vielfalt an Fahrzeugen, egal, aus welchem Land sie stammen, wird es da wirklich schwer, den Überblick zu behalten.

Auch hier werden wir schon manipuliert, denn all diese Tests (Empfehlungen oder Eindrücke und nicht nur bei Autos, sondern auch bei Diäten und Ereignissen) werden immer durch unseren persönlichen Blickwinkel beeinflusst. Wir sind Menschen und lassen uns in diesem Sinne auch von Gefühlen leiten, deshalb muss aber ein Test nicht schlecht sein.

Von dem Verbrauch an Papier wollen wir hier einmal wirklich absehen. Dem Einen gefällt das Format, der Andere findet das Layout schön und der nächste interessiert sich nur für einen Artikel, den er z. B. auf der Bahnfahrt lesen möchte, und das in einem digitale Zeitalter.

Viel mehr bemerkt man diesen Einfluss bei den Fernsehsendern. Oder haben Sie sich einmal genauer angeschaut, mit was Sie hier den ganzen Tag berieselt werden?

Talk Shows zu jedem Thema mit Prominenten (Politiker, Schriftsteller, Film- und Fernsehstars), in denen lange über ein Thema gesprochen wird und jeder seine persönliche Meinung und seine Eindrücke wiedergibt (zum Teil etwas krass). Doch zu einem Ergebnis kommt diese Runde nicht und selbst wenn sie zu einem kommen würden, so würde sich nichts ändern. Shows, die nur der Belustigung dienen, ob Kochen (wer kocht am besten, oft auch mit Prominenten), Raten (Beispiel: „Wer weiß denn sowas") oder Spiele (Lego); und welchen Sinn haben diese? Wir werden unterhalten und nicht mehr (und dies sogar rund um die Uhr), man will sich einfach unterhalten lassen. Dating-Serien/Talenteshows und noch vieles weiteres ist meiner Meinung nach absolut witzlos und geschmacklos. Ich würde so etwas Verdummung nennen. Denn wen interessiert es, wer mit wem ein Date hat, wer Käufer ist oder wer besonders talentiert ist (obwohl das Letzte zu Anfang interessant war). Soweit ich mich erinnern kann, haben wir uns in Tanzschulen, bei Partys oder sonst wo mit anderen getroffen und sind dem anderen Geschlecht nähergekommen; dafür brauche ich keine Show. Wer etwas kann, muss dies nicht in einer Talenteshow beweisen, es gibt andere Wege, um zu zeigen, was man kann, denn wir alle haben Talente und die muss ich nicht wirklich immer öffentlich machen. Meiner Meinung nach geht es hier wie in so vielen Bereichen nur um Geld, Bequemlichkeit und Inaktivität. Oder ganz einfach: sich auf Kosten anderer unterhalten zu lassen.

Serien, in denen es nur um Intrigen, Geld, Macht und Einfluss geht, was oft so weit von der Realität entfernt ist, wie der Mars von der Erde. Vor allem glauben die Menschen dies dann auch noch und versuchen, es in der Realität umzusetzen. Serien sind keine Realität, sie sind eine erfundene Geschichte, eine Fiktion. So wie die Gebrüder Grimm Märchen für Kinder erzählen, so sind dies Märchen für Erwachsene.

Dokumentationen, die über Themen berichten, weil dies gerade populär ist, die allerdings nur Hinweise zusammentragen. Der Grund für ein Geschehen oder warum bestimmte Menschen bestimmte Dinge anders machen, werden oft verschwiegen. Dies ist nur eine Halbwahrheit (Beispiele am Ende des Abschnitts). Anmerken sollte man, dass es auch wirklich sinnvolle Dokumentationen gibt, aber auch hier spielen die Interpretation und die eigene Meinung eine große Rolle.

Und dennoch gibt es das Eine oder Andere in diesen ganzen „Shows", das interessant ist und wodurch man etwas lernen kann und v. a. dann, wenn man sich mit dem Thema beschäftigt und nicht nur das glaubt, was die Reporter erzählen.

Man soll den Eindruck gewinnen, diese ganzen Shows sollen mich, mein Talent oder sonst etwas zu einem Prominenten machen (aus welchem Grund auch immer, ob Geld oder Einfluss, ist wohl eher eine untergeordnete Rolle).

Wir leben in einer Zeit, in der das sich Profilieren (sich selbst zu verherrlichen, lat.: Ego) immer wichtiger wird, als die Dinge in den Griff zu bekommen und glauben Sie ja nicht, dass es sich nur auf Film, Politik oder Umweltthemen bezieht (im nächsten Abschnitt mehr). Selbstverherrlichung ist ein fester Bestandteil unserer Gesellschaft geworden. Ein Beispiel: Influencer im Zusammenhang mit Profit durch Werbung.

Ich persönlich empfinde eigentlich die Werbung als eines der lustigsten Instrumente, um uns endgültig ein X für ein U vorzumachen.

Die Einkaufsprospekte, die wir jede Woche bekommen (und gerade 2022 mit Krieg in Europa), sind wirklich etwas, worüber man lachen kann. Denn haben Sie einmal genauer hingeschaut? Nein? Sollten Sie einmal machen, denn viele der Produkte, die so günstig dargestellt werden, kosten auch ohne die Werbung genauso viel wie mit Werbung. Der Papierverbrauch ist enorm und das, obwohl es unterdessen die Prospekte online gibt und diese sogar als Handy-Apps zur Verfügung stehen.

In jeder Werbung, ob zu Kosmetik, Nahrung, Genussmitteln (Süßigkeiten) oder Technologie, wir werden den ganzen Tag mit schönen Kurzfilmen überschüttet. Jeder von uns kennt es und jeder Hersteller ist der Meinung, dass sein Produkt das Nonplusultra ist (einmal Stiftung Warentest lesen, ab und zu ist es nur ein besseres Marketing). Ich weiß, die Wäsche wird weißer als weiß, wir sollen uns unzählige Cremes, Gels oder Rasierer kaufen, weil alles immer besser wird.

Allerdings, was wir uns ggf. damit wirklich antun, das wissen wir in vielen Fällen nicht einmal andeutungsweise, da es ja so viel Forschung gibt, die uns dann einredet, dass dieses Produkt das Beste ist und alle anderen übertrieben gesagt Schrott seien.

Irgendwann habe ich einmal von einer Lehrerin gehört, dass Kinder ihr erzählten, der Strom kommt aus der Steckdose, die Milch aus dem Kühlschrank und die Kühe auf der Weide sind lila mit weißen Flecken. So viel dazu, wie wir und unsere Kinder durch die Werbung manipuliert werden.

Gleichzeitig schreibt fast jeder ein Buch zu irgendeinem Thema (Doku, Menschen, Wissen, Ratgeber, Esoterik) und gibt seinen Senf dazu, auch ich. Es sind aber NUR persönliche Meinungen und nichts anderes. Einen wirklichen Wert außer Unterhaltung oder weil es ein Prominenter geschrieben hat, gibt es hier nicht.

Beispiele für Manipulation durch Medien (ich versuche, die bekannten in chronologischer Reihenfolge darzustellen; es gibt noch sehr viel mehr und einige haben wir nicht einmal andeutungsweise registriert):

I. **Bermudadreieck**
Ein Geheimnis, älter als unsere Aufzeichnungen. Schiffe und Flugzeuge verschwinden. Zeitparadox von verschwundenen Objekten. Und die Schatzsucher, die – wenn möglich – das eine oder andere Objekt in diesem Bereich finden möchten. Zumindest drehen sich viele Dokumentationen darum, aber den Grund dafür konnte bislang keiner wirklich erklären. Es ist nicht wirklich bekannt und auch wenn einige skurrile Dinge unterdessen ausgeschlossen werden können, entsteht hier durch Mangel an Informationen und Unwissenheit ein Nährboden für Vertuschung und Verschwörung (das Rätsel ist bis heute nicht gelöst).

II. **Die Pest (Schwarzer Tod, ab ca. 1350 nach Christus)**
Damals glaubten die Menschen, dass die Pest durch Vergiftung der Brunnen entstanden sei (heute wissen wir es besser, das Rätsel wurde gelöst).

III. **Roswell-Zwischenfall, New Mexiko (1947)**
Über kaum ein Thema findet man mehr Bücher oder Artikel als über dieses. Der Absturz eines UFOs. Hunderte Menschen berichten davon, das Militär und die Medien stellen es dann als einen Wetterballon dar, welches aber nicht mit den Aussagen von mehreren Hundert Menschen übereinstimmt.

Was es war, wird wohl noch sehr lange ein Geheimnis bleiben, denn gerade durch diese unterschiedlichen Aussagen ist es ein Nährboden für Vertuschung und Verschwörungstheorien. Die Frage, ob wir allein im Universum sind, sollte sich jeder selbst beantworten. Auch dieses Rätsel wurde bis heute nicht gelöst. Das Gleiche gilt übrigens auch für die geheimste Militärbasis der USA, Area 51.

IV. **J. F. Kennedy (1963)**
Die Ermordung des 35. Präsidenten der Vereinigten Staaten von Amerika. Durch die Geschichten von mehr als einer Kugel bis hin zur magischen Kugel (schon erwähnt), über Attentäter, merkwürdige Ereignisse zur selben Zeit, ist dies genauso durch staatliche Organisationen/Geheimdienste und durch die Warren-Kommission so undurchschaubar geworden, dass auch hier ein Nährboden für Vertuschung und Verschwörung entstanden ist. Selbst mit der Freigabe der Dokumente (erst vor wenigen Jahren) gibt es mehr Fragen als Antworten. Nach dem Grund (sehr viele Spekulationen) wird allerdings am wenigsten gefragt. Das Rätsel wurde bis heute nicht gelöst.

V. **Bruce Lee (1973)**
Laut dem offiziellen Bericht starb Bruce Lee in Hongkong mit 32 Jahren nach der Einnahme einer Aspirin (Tablette) an einer allergischen Reaktion (und das bei einem kerngesunden Mann – auch wenn es möglich ist). Jahre lang hielten sich die merkwürdigsten Gerüchte über den Tod von Bruce Lee. In den letzten Jahren hat man allerdings herausgefunden, dass Aspirin im Jahr 1973 nicht das heutige Aspirin war, sondern noch mit einem weiteren Stoff gemischt war, welcher schon in einigen anderen Fällen für den Tod von Men-

schen gesorgt hatte. Das Rätsel ist zwar gelöst, dennoch werden viele lieber an Verschwörung und Vertuschung denken.

VI. **World Trade Center (11.09.2001)**

Eine Verkettung von so vielen Missverständnissen und Ereignissen wie selten in der Geschichte der Menschheit (mein Bedauern an alle Opfer dieses traurigen Ereignisses und ein Lob an alle, die mit ihrem Lebenseinsatz versucht haben, Menschen zu retten). Und gerade die mangelnden Informationen, der Umgang mit Informationen und das Nichtnachverfolgen von Spuren haben auch hier wieder für den Nährboden einer Verschwörung oder Vertuschung gesorgt. Das Rätsel wurde bis heute nicht gelöst.

VII. **COVID-19 (Corona) (2019)**

Hält die Welt seit mehr als 2 Jahren in Atem. Die Informationen sind so vage wie bei vielen der zuvor erwähnten Dinge (vielleicht auch durch die Intransparenz der Chinesen). Die Verschwörungstheorien mit einem gewissen Hang zur Plausibilität bis hin zu den kuriosesten Annahmen/Vermutungen dienen Querdenkern und Impfgegnern als Grundlage für ihre Aktivitäten. Was davon richtig oder falsch ist, ist mehr als fraglich (FAKE News). Und wenn man es einigermaßen logisch betrachtet, geht es doch gar nicht wirklich um den Virus (denn es gibt Viren im Eis, die uralt sind und uns durch die Klimaerwärmung noch mehr Schaden könnten), es geht doch eigentlich darum, wer für den Schaden aufkommen soll (Geld); das Leid der Menschen tritt in den Hintergrund. Das Rätsel über die Entstehung wird wohl noch sehr lange ein Geheimnis bleiben.

Traurig ist es schon, dass in so vielen Bereichen nur Halbwahrheiten erzählt werden, wodurch die Vertuschung und Verschwörungstheorien wie eine Saat aufgehen. Und dies in einer Zeit, in der Unternehmen übertriebenermaßen jeden Handgriff für die Fertigstellung eines Produktes, inkl. der Kosten, für jeden sichtbar und nachvollziehbar machen sollen. Dies scheint aber nicht für alle zu gelten, denn angeblich sind einige aufgrund ihres Einflusses und ihrer Macht der Meinung, wir sind für gewisse Dinge nicht bereit (oder zu dumm).

Der Grund, warum etwas passiert ist, rückt in den Hintergrund.

XII - Internet

Das Internet, die Vernetzung der Menschheit weltweit und anscheinend eine der tollsten Erfindungen unseres Zeitalters.

Nur war das Internet nicht für die Allgemeinheit gedacht, als es Ende der 1970er-Jahre aktiviert worden ist. Es war für Militär, für den akademischen Gebrauch und Forschung gedacht, da die Technologie, die dahinterstand, einen neuen Weg der Informationsverteilung (kein direkter Draht) benutzte.

Erst 1990 fingen wir als normale Menschen an, das Internet zu sehen (auch wenn es damals nicht so farbenfroh war).

Um zu verstehen, was aus dem Internet geworden ist, sollten wir einmal kurz in die Vergangenheit schauen. Vor dem Internet waren wir alle mit unseren persönlichen Daten sparsam, wir haben sie nicht gerne weitergegeben. Egal, welche Daten das auch immer sein mögen, wir wollten sie nicht weitergeben.

Heute, im „modernen" Internet, geben wir mehr persönliche Daten bekannt, als den meisten bewusst ist und andere verdienen damit Geld oder wollen uns sagen, was wir kaufen sollten, um damit dann Geld zu verdienen.

Das Internet als solches ist kein Teufelswerk, es ist die größte Ansammlung von Informationen (und einigen nicht so schönen Dingen), nur leider gibt es die Informationen in x-facher Ausfertigung und nicht alles, was irgendwo geschrieben ist, entspricht auch der Wahrheit; denn das Verbreiten von Falschinformationen (FAKE News) gehört, wie einiges andere, unterdessen genauso zum Internet. Jeder darf seine Meinung sagen und selbst wenn es nicht wahr ist, glauben das noch mehr als genügend Menschen.

Ob Instagram, Meta (Facebook), TikTok, Dating-Plattformen oder nur die stets beliebte WhatsApp. Wir geben persönliche Daten weiter und dies sogar freiwillig. Egal, ob wir unser Geschäft verrichten, ob wir essen und was wir essen, wo wir gerade sind, was angesagt ist und noch so vieles mehr. Trotzdem *beschweren* wir uns darüber, dass alle an unsere persönlichen Daten wollen, die wir Ihnen ja sogar sehr bereitwillig geben.

Egal wie man diese Plattformen sehen möchte, aber neben ggf. lustigen Sachen werden dort auch nicht sehr harmlose Dinge verbreitet. Beispiele, wie ich meine eigene Schönheitsoperation mache (Botox spritzen) über sehr gewagte Sportarten bis hin zur Gleitcreme, die man sich ins Gesicht schmieren sollte, um eine bessere Haut zu bekommen.

Wir speichern unsere persönlichen Daten in der Cloud (Onlinespeicher) und wundern uns, warum auf einmal (war eine riesige Schlagzeile) Nacktbilder von Prominenten im Netz aufgetaucht sind.

Aber warum tun wir das alles? Influencer, Instagram, Facebook und bestimmt gibt es noch sehr viel mehr Portale als diese. Wir wollen zeigen, wie gut wir sind, wie einzigartig, wie besonders, wollen prominent sein, Aufmerksamkeit auf uns lenken und damit dann auch noch Geld verdienen. Das hatten wir schon, keiner von uns muss irgendjemandem irgendetwas beweisen. Jeder, und damit meine ich wirklich jeder, ist etwas Besonderes. Wir können nicht alle dieselben Interessen haben und alle alles gleich machen, das macht uns aus. Wir sind vielfältig und einzigartig.

Alle Firmen verlagern ihre Aktivitäten ins Internet. Ob Gasversorger, Stromerzeuger, Herstellungsfirmen und sogar die Telefongespräche werden heute in den meisten Fällen übers Internet abgewickelt, um Personal und Geld zu sparen. Ich glaube, da haben sie aber die Gruppe der Kriminellen (Cyber) nicht ganz wirklich mitbedacht, denn dies nimmt immer weiter zu. Unsere Daten von Anbietern liegen unterdessen mehrmals auf einmal öffentlich (für jeden zugänglich) im Netz, ob Kreditkarte, Telefonnummer oder Adresse. Diese Daten werden sogar zum Kauf angeboten.

Das Internet hat genauso viele gute wie schlechte Seiten (Sturm des Kapitols, Verbreitung von Unwahrheiten ohne Halt, Verbreitung von persönlichen Daten), die Menge an solchen Dingen ist groß.

Die meisten von uns kennen die dunklen Seiten des Internets nicht. Ein normaler Mensch, der einkauft, bei Facebook (Meta) oder Instagram ist, wird es wenig bemerken. Ich sage auf den Portalen allen Freunden weltweit, ich bin auf einer Party, im Urlaub und wahrscheinlich steht fast daneben meine Adresse. Nach dem Urlaub wundere ich mich, warum meine Wohnung leer ist. Wir geben unsere Daten zu gerne und leichtsinnig weiter und wundern uns dann, was alles Schlimmes passiert.

Genauso ist es mit dem Einkaufen im Internet, jeder bewirbt, wie günstig es bei ihm ist, aber haben Sie einmal genauer hingeschaut? Ich selbst kaufe durch Corona, wie die meisten Menschen, mehr im Internet, als im Geschäft und wenn man sich nicht wirklich nur auf einen Anbieter verlässt, dann kann es teurer sein. Hilfen wie Preisvergleiche für Produkte und Verträge kann man auf diversen Plattformen bekommen.

Allerdings ist das vielen schon viel zu mühsam, denn es ist einfach, bei dem großen Portal zu bestellen, als sich schlau zu machen. Glauben Sie mir (Name wird nicht genannt), genau diese Firmen locken uns mit Schnäppchen, die keine sind, wie in der Werbung und wir merken es nicht einmal, dafür geben wir dieser Firma dann lieber die Nummer unserer Kreditkarte.

Wir können so viel im Internet machen, dass wir uns den ganzen Tag eher damit beschäftigen, allen unseren Freunden (ob real oder nicht), unseren Followern (Influencer, Instagram, Facebook) den ganzen Tag mitzuteilen, was wir gerade machen, wie toll der neue Bikini ist und was für schöne Orte es auf diesem Planeten gibt.

Ja wir leben auf einem sehr schönen und v. a. vielfältigen Planeten. Schaut Euch die Dinge selbst an, nicht andere müssen uns sagen, wo was am besten ist.

Wir spielen, wir chatten, wir verteilen Bilder (egal ob FSK 18 oder nicht), wir kaufen, wir steuern, wir lesen und noch so vieles mehr. All das ist das Internet, allerdings sollte man an einem Punkt auch einmal merken, dass wir nicht alles mit allen Menschen auf der Welt teilen müssen. Es gibt eigentlich Dinge, die „fremde" Menschen nichts angehen, Firmen, die nicht wissen müssen, dass ich eine Tassimo (eines der Geräte, die extrem klimaunfreundlich sind) zu Hause habe, weil sie mir dann erzählen, was ich kaufen soll.

Nicht nur schlechte Dinge im Netz helfen uns (bitte nicht dem Internet für alles die Schuld geben, denn die Informationen – der Wahrheitsgehalt ist bestimmt in einigen Fällen sehr umstritten (FAKE) – die dort zu finden sind, sind von uns Menschen); wir können genauso die Nachrichten sehen, ältere Serien, Dokumentationen und Filme (Mediathek), unsere alten Klassiker (Spiele) kostenlos bekommen und wenn wir sehr exotisch sind, können wir sogar seltene Dinge finden und günstig erwerben.

Die Vielfalt des Internets ist groß und sollte auf keinen Fall darauf reduziert werden, z. B. TikTok-Videos zu verbreiten oder jedem jeden Schritt meines Lebens mitzuteilen.

Wir sollten aufhören, unsere persönlichen Daten zu veröffentlichen und anfangen, uns nicht von der Technologie beherrschen zu lassen, denn genau das tun wir, wenn wir den ganzen Tag persönliche Informationen mit anderen teilen.

Wir sind auch nur dazu in der Lage, eine bestimmte Menge an Informationen zu verarbeiten. Alles, was wir darüber hinaus versuchen zu verstehen, wird nicht funktionieren denn unser Speicher (Gehirn) ist voll. Informationen in Massen.

XIII – K.I. Künstliche Intelligenz

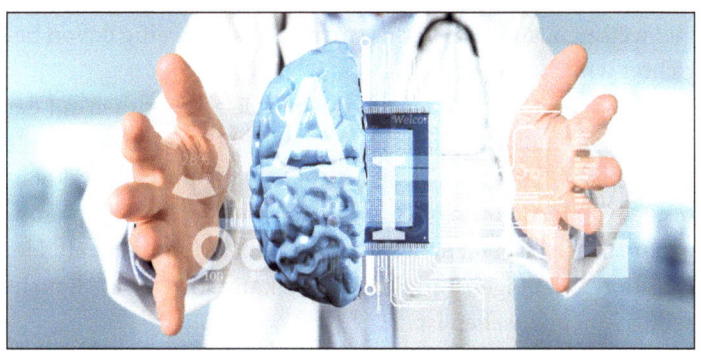

Künstliche Intelligenz, ein schönes Wort und die meisten denken, es ist Science Fiction, nur leider stimmt dies nicht.

Künstliche Intelligenz ist einfach erklärt der Versuch des Nachbaus des menschlichen Gehirns mit allen seinen Funktionen wie Denken, Sprechen, Atmen, Bewegen, Fühlen und noch mehr.

In Filmen wie „E.T. – Der Außerirdische" (2001, Steven Spielberg), in „I, Robot" (2004, Isaac Asimov) sowie „Star Trek" und „Star Wars" sehen wir dies und sehen es als Science Fiction.

Glauben Sie mir, wenn ich Ihnen sage, es ist KEINE Science Fiction mehr.

Die meisten von Ihnen haben ein Handy und schon einmal Funktionen wie den Assistenten oder den Dolmetscher benutzt. Mein Vater ist blind (zu 100 % sehbehindert) und genau diese künstliche Intelligenz hilft ihm, ein Smartphone zu bedienen. Der Assistent führt die Sprachbefehle aus und sagt ihm, wie das Wetter wird, stellt den Wecker, startet eine App oder sonst etwas. Noch besser ist der Dolmetscher, der gerade 2022 (Krieg in der Ukraine) sehr hilfreich ist, denn ich glaube, die wenigsten von uns sprechen Russisch oder Ukrainisch. Eine kleine App, die in ECHTZEIT (ohne Verzögerung) nicht nur Texte, sondern wirklich das gesprochene Wort in Sekunden von einer in eine andere Sprache übersetzt.

Jetzt sagen Sie, das ist doch keine Intelligenz. Leider muss ich Sie da enttäuschen, es ist der Beginn und wir sind noch sehr viel weiter, auch wenn verhältnismäßig sehr wenig davon berichtet wird.

Ob Gartenroboter oder Navigation, sie alle beruhen auf der Grundlage von Denkprozessen.

Allerdings ist da noch lange nicht Schluss, die kleinen Roboter der Chinesen (und bestimmt auch anderer Nationen) können noch sehr viel mehr, als nur ein kleiner Hund sein, ein Lieferroboter, der eigenständig handeln kann und oft noch nicht sehr schön anzusehen ist.

Unterdessen gibt es in der Industrie sehr viele Maschinen, die unsere Aufgaben bewältigen und es gibt Roboter (und das nicht nur in der Raumfahrt), die selbstständig mühsames Gelände durchqueren, eine Hindernisbahn überwinden und sogar zu Musik tanzen können. Dies wäre dann nicht nur ein Roboter, sondern mehrere gleichzeitig.

Künstliche Intelligenz bei Schach oder beim japanischen Go haben menschliche Meister besiegt, die Technologie schreitet in den letzten Jahrzehnten immer schneller voran; wenn Sie mir nicht glauben möchten, suchen Sie bei YouTube einmal nach solchen Begriffen. Sie werden eine Menge finden.

Auch wenn die Körper und das Aussehen dieser Roboter (sie sollen ja unseren Körpern gleichen) bei den meisten Modellen, die künstliche Intelligenz haben, noch nicht sehr schön ist, denn wer möchte schon einen eckigen Hund haben, so schreitet dies auch immer weiter voran. Es gibt aber schon menschliche Roboter-Figuren, z. B. in Hotels. Sie sehen schon natürlich aus.

Und Sie wollen mir bestimmt sagen, dann sind wir noch lange nicht bei Science Fiction; das kommt jetzt, denn die Zukunft ist näher, als Sie denken.

Das Hongkonger Unternehmen Hanson Robotics entwickelte humanoide Roboter. 2017 wurde „Sophia" den Vereinten Nationen vorgestellt.

Sophia beim „AI for Good Global Summit" der Internationalen Fernmeldeunion in Genf (2018)

Das sieht doch schon sehr menschlich aus und diese Sophia kann sogar ein Interview führen (CNBC-Moderator Andrew Sorkin); nichts von wegen „Die Zukunft ist noch weit entfernt", sie ist schon da. Sie steht vor unserer Tür, wir bekommen es nur nicht mit.

Laut den letzten Informationen, die mir vorliegen, sollte 2021 diese künstliche Intelligenz in den Verkauf gehen. Aufgrund von Corona, Lieferketten und wahrscheinlich dem Preis für diesen Roboter mit künstlicher Intelligenz werden nur wenige das Glück haben, einen solchen Roboter zu erstehen.

Die Zukunft hat schon begonnen!

XIV – Religion

Die Religion, der Glaube, ist so alt wie die Menschheit selbst. Haben wir früher an viele Götter/Göttinnen geglaubt, so hat sich dies vor ungefähr 2000 Jahren dann ein wenig verändert.

Noch heute gibt es Kulturen, in denen mehr als EIN Gott/ Göttin den Glauben bestimmen.

Allerdings hat sich vor 2000 Jahren etwas verändert, denn es entstanden neue Glaubensrichtungen: das Christentum (Bibel, Jesus Christus), das Judentum (hebräische Bibel – Abraham), der Islam (Koran – Mohammed).

Fällt Ihnen dabei etwas auf? Egal, welche der 3 monotheistischen Glaubensrichtungen wir nehmen, sie beruhen vom Prinzip her auf derselben Geschichte.

Nur ist wohl etwas in der Geschichte schiefgelaufen, denn in keiner dieser Glaubensrichtungen wird von Tod und Leid gesprochen, welches wir anderen zufügen sollten, das haben sich wohl eher welche eingebildet.

Von den schrecklichen Taten, die im Namen des Glaubens verübt wurden (ich halte es hier nur allgemein), wird heute noch diskutiert. Ob Kreuzzüge, Hexenverfolgung oder Schändungen, sie alle waren Bestandteil des Glaubens, da jeder der Meinung war, sein Glaube sei der einzig wahre, was da aber nicht wirklich stimmt.

Wir sollten eher friedlich miteinander leben und den anderen Glauben akzeptieren, anstatt im Namen des Glaubens Gräueltaten zu begehen.

Auch wenn uns die Rituale (z. B. das Gebet) ungewohnt vorkommen, so ist es doch nur ein Ausdruck des Glaubens, den wir nicht verurteilen sollten. Jede Religion, ob Hinduismus, Buddhismus und viele andere haben ihre eigenen Rituale, die Glaubensrichtungen sind ebenso vielfältig wie die Menschen.

XV – Naturkatastrophen/Klimawandel

Ich habe schon eine Menge in den Abschnitten vorher geschrieben, all diese Dinge zusammengefasst ergeben den Klimawandel.

Aber wovon und vor allem wie lange reden wir (zu Anfang nur Wissenschaftler und Forscher, später dann Kinder) schon davon, dass es zu Veränderungen des Klimas kommt?

Vor mehreren Jahrzehnten warnten die Wissenschaftler und Forscher uns davor, dass die fossilen Brennstoffe irgendwann erschöpft seien, dass der CO_2-Ausstoß für eine Erwärmung der Erde sorgt. Wir haben ihnen zwar zugehört, aber was haben wir verändert? Nichts, nein wir sind eigentlich eher noch viel schlimmer geworden und das kann man weder einer Organisation oder einer Regierung anlasten, denn JEDER Einzelne von uns hat dazu beigetragen.

Gegen die Naturkatastrophen können wir selbst als Gemeinschaft nicht wirklich etwas ausrichten, außer unsere Technologie zu nutzen, um alle rechtzeitig zu warnen.

Ich selbst habe zwar gewusst, dass wir diese Schwierigkeiten haben, dachte aber immer, ich alleine kann nichts ändern.

Als Kinder (Fridays for Future) auf die Straße gingen (Greta Thunberg & Luisa Neubauer) und die Menschen daran erinnern wollten, dass wir endlich etwas ändern müssen, habe ich mich ein wenig mehr mit dem Thema beschäftigt.

Im Jahr 2021 gab es dann eine Aussage von Greta Thunberg: In dieser bezeichnet sie Deutschland als „Klima-Schurken", welches einigen etwas säuerlich aufstieß, denn es gibt ja nicht nur Deutschland, sondern noch viele andere Nationen, die zum Teil noch mehr Schaden verursachen als sie an Nutzen für den Klimawandel bringen.

Als ich mich dann näher damit beschäftigte, stellte ich allerdings fest, dass wir in Deutschland nicht die alleinigen Schurken sind, sondern wir sind es alle. Wir verbrauchen die Rohstoffe von mehreren „Erden", so wird es ja bezeichnet, innerhalb eines Jahres.

Ich hatte mich nach dieser Aussage dazu entschieden, selbst einmal einen Brief zu schreiben (es waren 20 Seiten), den ich an so viele Menschen geschickt habe, die etwas mit dem Klimagipfel im Herbst 2021 (England) zu tun hatten. Von den beiden oben genannten Aktivistinnen angefangen, über die Politiker der Bundesrepublik Deutschland (Scholz, Baerbock, Lindner), an Zeitschriften, die EU, die UNO, Greenpeace und die Veranstalter dieses Gipfels (die Briten und Amerikaner). Vieles von dem, was ich damals in 20 Seiten geschrieben habe, finden Sie auch hier wieder. Und glauben Sie, ich habe eine Antwort bekommen?

Ja, ich habe eine bekommen, allerdings von jemandem, mit dem ich nicht gerechnet hatte. Von der britischen Regierung, in der man mir versicherte, dass man sich auf diesem Gipfel darum kümmern wollte, die Schwierigkeiten des Klimawandels in den Griff zu bekommen. Alle anderen haben nicht einmal Danke gesagt. Erst im November 2022 habe ich eine Lesebestätigung der Europäischen Kommission (EC) erhalten, eine Antwort lässt weiterhin auf sich warten.

Jetzt im Herbst 2022 findet der nächste große Klimagipfel in Ägypten (COP27) statt. Vertreter aus 190 Nationen reisen dort hin, ob sie dies wohl klimafreundlich taten? Es wurden bestimmt auch diesmal wieder viele Reden geschwungen. Die Ziele für diesen Gipfel sind, wie die Jahre zuvor, sehr hoch. Allerdings denke ich und ich vermute, Sie auch, hat es nur den kleinsten gemeinsamen Nenner gegeben. Schaut man sich die Ergebnisse der Klimakonferenz 2022 (Ägypten) an, so steht zwar viel auf der Abschlusserklärung, aber meiner Meinung nach ist es nur ein Schreiben, an welches sich kaum einer halten wird. Das Ergebnis auch dieser Konferenz ist für die Klimaaktivisten ein Schlag ins Gesicht, welcher eine spezielle Gruppe (letzte Generation) zu extremen Maßnahmen bewegt. Aber was wird wirklich davon umgesetzt? Versprochene Zahlungen an Länder, die durch die Klimaveränderung besonders betroffen sind. Allerdings wollen anscheinend nicht alle dazu beisteuern und wer wie viel zahlt steht noch nicht fest. Es werden etliche Gelder in dubiose Projekte fließen und der Schrei nach weiteren Finanzhilfen kommt garantiert. Eine Schraube ohne Ende. Denn wer bestimmt, welche Maßnahme vorrangig und wichtig ist?

Nicht alles ist mit Geld zu retten, sondern eher mit dem Tun jedes Einzelnen – ein Umdenken bei vielen Dingen (rationales Verwenden von Ressourcen wie z. B. Wasser, unnötige Verschwendung von Plastik/Kunststoff, das/der sich im Meer ansammelt und die Wasserwelt schädigt – Mikroplastik). Der Verzicht auf viele überflüssige EINMAL-Produkte. Manche Dinge könnten repariert und wieder verwendet werden, um nur einiges zu nennen.

Was mich am meisten bei diesen ganzen Dingen wurmt, ist nicht, dass die Menschen sagen, es muss sich etwas ändern, das ist doch in Ordnung. Nur keiner und damit meine ich wirklich keiner dieser Aktivisten/Aktivistinnen hat auch nur andeutungsweise über einen Lösungsansatz nachgedacht. Es gibt eigentlich nur Forderungen, das Klima zu retten, aber keine Lösungsansätze.

Es nützt doch nichts, sich durchgehend darüber zu beschweren, was alles falsch läuft, oder was besser werden sollte, es müssen auch Lösungen oder Alternativen her. Nur so weit hat keiner in den letzten Jahrzehnten gedacht. Gerade durch den Krieg in Europa gibt es nur schnelle, nicht ausgereifte Überlegungen und Umsetzungen, um das Klima des Planeten wieder in den Griff zu bekommen. Dieser Wandel wird uns eine Menge Geld kosten. In einem Artikel stand einmal, wenn wir bis 2035 in Europa klimaneutral werden wollen, dann würde dies voraussichtlich mehrere Billionen (1.000.000.000.000) Euro kosten.

Was tun wir also? Ja, genau, wir machen genauso weiter wie vorher.

Wir alle benötigen Erdöl (Sprit), Erdgas (Heizung) und Strom. Einmal davon abgesehen, dass dies schon vor Jahren hätte passieren sollen, so sind die Menschen, die die Macht haben, dies zu ändern, eher am Wirtschaftlichen interessiert (an Geld, an Macht und Einfluss) und nicht daran, etwas zu ändern, denn dies setzt ein Umdenken voraus. Und niemand möchte gerne wie in der Steinzeit leben.

Schauen wir uns doch einmal die Dinge an, um die es geht. Erst einmal nur die Energie, die wir benötigen für all unsere Technologie und unser Wohlbefinden.

Das Erdöl, wir brauchen es in der Industrie, zum Heizen und für unsere Fahrzeuge. Nur geht dieser Rohstoff irgendwann aus, also erzählt man uns allen, wir sollen E-Autos benutzen. Also Strom, um kein Erdöl zu benutzen und die Umwelt nicht zu belasten.

Der Strom, wir produzieren ihn selbst (wie jedes Land auf der Welt) und wollen Kohlekraftwerke und Atommeiler abschalten, bauen dafür Windkrafträder, die nach einigen Jahren abgeschaltet werden (obwohl sie noch funktionsfähig sind, weil es keine Zuschüsse mehr gibt). Solarenergie, die am liebsten jeder auf seinem Dach haben sollte (so erzählt es uns die Regierung, allerdings ist das nur die halbe Wahrheit, denn neben den hohen Anschaffungskosten zahlen wir auch noch die Steuer an unseren Lieferanten für den Strom, den wir NICHT abnehmen und in einigen Jahren dürfen wir alles auch noch erneuern).

Kaum ein Land produziert so viel Strom, wie es benötigt, wir müssen ihn einkaufen und gleichzeitig sollen wir E-Autos und E-Roller benutzen, um die Umwelt nicht zu belasten (Moment einmal, war da nicht etwas von wegen Rohstoffen?). Wir alle haben es versäumt, uns darüber Gedanken zu machen, wie wir den Strom, den wir vorher produziert haben, ersetzen und durch die neuen Technologien benötigen wir sogar mehr Strom. Doch daran hat keiner gedacht.

In einem Experiment hat man ein kleines Dorf als Versuch gestartet, in dem alle Häuser mit Solaranlagen ausgestattet wurden und jeder erhielt ein E-Auto. Zusätzlich wurde noch ein Stromspeicher installiert. Was denken Sie, ist dabei rausgekommen? Das Stromnetz ist zusammengebrochen, es reichte nicht aus.

Im Klartext heißt das wohl, dass wir eigentlich erst einmal die Infrastruktur unserer Stromnetze auf Vordermann bringen müssen, damit wir überhaupt in der Lage sein könnten, auch die ganze Energie überall hinzubringen. Dies kostet aber viel Geld und eine Menge Rohstoffe, wenn nicht sogar neue Technologien, die uns dies ermöglichen.

Das Erdgas, hier wird es noch sehr viel gruseliger. In der Industrie wird Erdgas, für die Produktion von Strom und Wärme benutzt. Seit Jahrzehnten rät man allen dazu, Erdgas für die Heizung zu benutzen, da es günstig ist und nicht sehr viel CO_2 produziert. Jetzt, wo wir Krieg in Europa haben, ist dieses (das irgendwann so oder so ausgeht) eine Mangelware, es wird teurer und Millionen von Menschen auf der Welt hatten darauf gesetzt.

Jetzt kommen dann die klugen Köpfe und erzählen uns, was wir tun sollen, damit wir von Erdgas wegkommen. Baut euch „Solaranlagen aufs Dach, mit dem Strom könnt ihr heizen" (und wo habe ich einen Vorteil bei den Kosten?).

„Nehmt Pellets" (Säge-Nebenprodukt oder aus nicht sägefähigem Industrieholz hergestellt), nur ist gerade die Herstellung nicht sehr umweltfreundlich.

Und das Sahnehäubchen des Ganzen: baut euch eine Wärmepumpe ein. Wärmepumpen benötigen Strom, dürfen nicht zu dicht an Häusern (bei Reihenhäusern gar nicht möglich) sein und sind nicht wirklich leise, nur um Erdgas zu sparen.

Bei keinem dieser Vorschläge hat jemand weitergedacht als ein paar Jahre und die Infrastruktur völlig außer Sicht gelassen, von den Kosten von einigen Tausenden Euro noch einmal abgesehen.

Ich bin weder Forscher, noch Wissenschaftler, aber ich habe einen Verstand wie alle Menschen auf unserem Planeten.

Ich werde bestimmt nicht die Lösung anbieten und ich will es auch nicht, denn es geht hier nur um Geld und nicht darum, diesen Planeten zu beschützen.

Die Folgen des Klimawandels merken wir weltweit, die Pole schmelzen, die Wetterlagen werden extremer und alle tun so, als wenn es ganz normal wäre und wir nichts dagegen tun könnten, da es immer einen geben wird, dem die Lösung (egal wie sie aussehen mag) nicht gefallen wird.

Ja, wir können es NIE allen gerecht machen, wir müssen aber an einem Strang ziehen, um die Pflanzen, Tiere, Menschen und unseren Planeten zu beschützen.

Wir wählen den Weg des geringsten Widerstandes, ohne an die Folgen dessen zu denken, was wir da gerade tun.

Aber gibt es Alternativen, die wirklich helfen? Bestimmt wird es diese geben, nur kosten sie Geld, Forschung und bedürfen einer Menge an Änderungen, die wir nicht von heute auf morgen bewältigen können, aber **wir müssen anfangen und das schon vorgestern**.

Neben diesen Energieproblemen haben wir noch andere: die Rückstände unserer Technologie, die Elektronik, Abfallprodukte der Industrie, Plastik und noch so vieles mehr.

Es nützt nichts, wenn wir uns ab „heute" darum kümmern, dies besser zu machen, nein, wir müssen auch die Fehler der vergangenen Generationen bereinigen. Das Plastik aus den Meeren, die Müllkippen, die Schrottberge sowie Kleidungsberge, das Uran (der Atommeiler), die Chemieabfälle bei Produktionen und noch so vieles mehr gehören genauso auf die Liste der Dinge, die wir in den Griff bekommen müssen. In den vergangenen Jahrzehnten gab es viele Inspirationen, um einen Teil der Probleme zu bewältigen. Sie wurden leider nicht genutzt, sondern werden heute aus der Schublade gezaubert und uns als neu verkauft.

Ich meine den Wasserstoff. Wasserstoff ist bereits seit mehr als 50 Jahren bekannt. Wir benötigen dafür Wasser und Energie. Energie können wir durch Solarkraft und Windkraft erzeugen (vielleicht irgendwann auch in ausreichender Menge). Wasser gibt es auf diesem Planeten sehr viel (wahrscheinlich ist nicht alles dafür geeignet). Für das Heizen wäre es bestimmt eine Alternative, auch fürs Fahren oder Fliegen. Nur haben wir es versäumt, unsere Ressourcen in diese Energie zu stecken (die dann wirklich GRÜN wäre) und das Versorgungsnetz dafür ist auch da, obwohl ich gerade gelesen hatte, dass das Gasnetz etwas überarbeitet werden müsste, denn Wasserstoff müsste mit Ammoniak angereichert werden für den Transport; dies würde unser jetziges Gasnetz nicht überleben, es müsste verändert (modernisiert) werden.

All diese Dinge müssen wir in den Griff bekommen, ansonsten wird sich wahrscheinlich in den nächsten Generationen auch nicht sehr viel ändern.

Klimaaktivisten, die sich an Straßen kleben, Kunstwerke beschmutzen, ggf. sogar Menschenleben gefährden, sorgen nicht sehr überzeugend für das, was ihnen am Herzen liegt. Ja, sie haben RECHT und Sie haben ANGST vor der Zukunft oder um die Zukunft ihrer Kinder. Wir müssen etwas tun, nur auf solche Aktionen folgt eigentlich eher die Ablehnung der eigentlichen Botschaft.

Ja, wir können gemeinsam dafür sorgen, dass die nächsten Generationen diese Schwierigkeiten nicht mehr haben (daran glaube ich), nur sollten wir bedacht, logisch und v. a. ohne den wirtschaftlichen Reiz (Geld) daran arbeiten. Forschung, Wissenschaft und Technologien können uns dabei helfen, diese schwierigen Aufgaben zu bewältigen, nur leider werden diese nicht wirtschaftlich sein.

XVI – Krieg

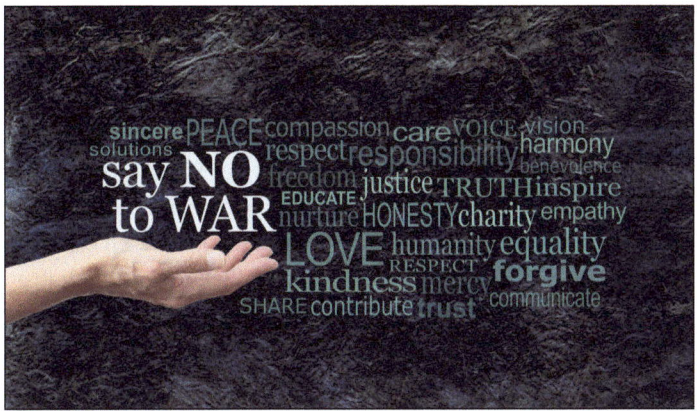

Krieg, ein Wort, das bei den meisten Menschen Angst verbreitet (v. a. durch die psychologische Kriegsführung).

Die meisten von uns kennen den Krieg nicht (dafür sind wir zu „jung"), wir kennen den Krieg aus Dokumentationen, Filmen, Spielen oder aus Berichten in den Nachrichten. Dieser Krieg ist dann aber immer sehr weit weg und betrifft uns nicht.

Es gibt so viele Arten von Kriegen, Nachbarschaftskrieg (oft eher recht harmlos), Bandenkriege (bekommen viele von uns nur in den Nachrichten mit), Bürgerkriege (viele eher in der Vergangenheit) und die Weltkriege (1. und 2.).

Aber egal welchen Krieg wir sehen wollen, wir wissen nicht wirklich, was Krieg ist, da er meistens in anderen Ländern stattfindet und dennoch wird uns schon in der Schule beigebracht, welche Kriege es alle gab, und das sind in der Geschichte der Menschheit sehr viele.

Kriege werden aus so vielen Gründen geführt (einige hatte ich schon erwähnt, ohne den Bezug auf Krieg). Kriege werden aus so primitiven wie sinnlosen Gründen geführt und verursachen nur Leid und Schmerz. Ob Krieg wegen Liebe (ich glaube, das sind wirklich die seltensten), Glauben, Macht, Einfluss oder Ressourcen und sogar aus einem der banalsten Gründe, „Ich bin stärker" oder „Ich will Machtausbau". Sogar aus Gründen des Missverstehens und der Unwissenheit (Fakten unbekannt; um mehr Macht zu erreichen) werden Kämpfe/Kriege geführt. Weil ein Staatschef sich verärgert fühlt oder auch, weil die Menschenrechte in anderen Ländern nicht unseren Vorstellungen entsprechen. Deshalb kann es nicht die Sache der Länder sein, über solche Dinge nachzudenken oder sie ändern zu wollen. Warum viele unterdessen der Meinung sind, dass Deutschland in diesem Sinn eine Führungsrolle übernehmen soll (zu sagen und befehlen, was andere tun sollen), habe ich bis heute nicht verstanden (wir sind NICHT der große Führer! Den hatten wir einmal und das Ergebnis war der Zweite Weltkrieg). Es sind oft Gesetze, die über Jahrhunderte entstanden sind (und an die sich kaum einer erinnert), die wir nicht beeinflussen können, da sich ein anderes Land bevormundet und kritisiert fühlt. Vielleicht hat besonders Deutschland (eigentlich das Land der Denker und Dichter) die Vorstellung, die Welt zu retten und dass alle anderen Länder sich entsprechend seiner Vorstellungen verhalten sollten, dies ist allerdings eine Art von Bevormundung und Diktatur.

Wir erinnern uns nur an die Kriege der Geschichte – seien es Caesar, Napoleon, Weltkriege – weil sie Aufsehen erregen und den Alltag vergessen lassen. An die guten Zeiten (Frieden) wollen wir uns in der Regel nicht erinnern, denn das ist ja langweilig.

Dazu sollte man allerdings eines wissen: Das erste, was im Krieg verloren geht, ist die Wahrheit und das nicht zu knapp (Beispiele am Ende dieses Abschnittes).

Krieg bringt so viel Leid, den Verlust von Menschenleben (ob Mann, Frau oder Kind), es wird keine Rücksicht darauf genommen. Die Zerstörung der Infrastruktur (Straßen, Gebäude, Fabriken) und noch so viel mehr Leid bringt der Krieg hervor.

Auch haben sich die Waffen in der Geschichte des Krieges verändert und dies sehr drastisch. Hatten wir damals Messer, Pfeil und Bogen, dann Schwerter, so sind wir durch den Fortschritt der Technologie bei Schusswaffen und Massenvernichtungsmitteln angekommen.

Wir bekämpfen uns im 21. Jahrhundert mit Waffen, die auf große Entfernungen töten können, aber nein, das reicht noch lange nicht. Wir bekämpfen uns nicht nur an Land, sondern auch auf dem Wasser und in der Luft.

Die Anzahl der Massenvernichtungswaffen (ob durch die Genfer Konvention verurteilt oder nicht) nehmen immer mehr zu und viele von diesen Waffen kennen wir nicht einmal andeutungsweise, denn sie sind geheim.

Ob Atombombe, Wasserstoffbombe, biologische oder chemische Kampfstoffe, sie richten Leid an und wir könnten uns mit dem, was an solchen Waffen auf diesem Planeten existiert, mehrfach ausrotten.

Und wofür? Damit ich mehr Macht habe, damit ich mehr Land habe? Egal ob Demokratie oder Diktatur, wir müssen lernen, unsere Konflikte gemeinsam zu lösen (und v. a. friedlich), sei es Glauben, Rohstoffe oder sonst etwas.

Das Schlechteste ist Macht oder „ich bin stärker". Dann geht doch bitte in den Boxring und tragt es da aus, aber fügt nicht so vielen Menschen Leid zu.

Jetzt, im Jahr 2022, ist der Krieg nach über 70 Jahren wieder nach Europa gekommen. In der Ukraine bekämpfen sich die Russen und die Ukrainer. Den wirklichen Grund für diesen Konflikt kennen wohl nur die wenigsten, denn uns wird er bestimmt nicht erzählt.

Und was passiert, nachdem Russland der Ukraine den Krieg erklärte (nein, laut ihnen heißt es ja „Befreiung", nur ein anderes Wort, um zu verschleiern, um was es wirklich geht, denn klare Worte gibt es hier nicht)? Alle europäischen Länder vereinigen sich (nicht ganz, denn jeder hat seine Bedenken und möchte am liebsten auch noch einen Vorteil daraus ziehen). Das kommt davon, weil wir alle individuell sind und nicht gemeinsame größere Ziele verfolgen. Dennoch unterstützen wir die Ukrainer gemeinsam (alle zusammen), denn keiner möchte, dass der Krieg und die Verbrechen, die im Namen von Gerechtigkeit und Befreiung geschehen, näher zu uns kommen. Mensch gegen Mensch – Waffen gegen Waffen.

Aber es gibt ja noch mehr, die an diesem Krieg beteiligt sind. Eine Weltmacht, die sich für das Ultimo hält, die Weltpolizei spielt und der Meinung ist, überall auf der Welt ist nur ihre Führung (ihre Wahrheit) die richtige.

Egal welche Regierung, egal welches Land, keiner ist besser als der andere. Jedes Land hat Stärken und Schwächen. Wir sind alle gleich und wir sind alle Bewohner dieses Planeten. Keiner ist besser oder schlechter.

Aber gerade dadurch entsteht der nächste Konflikt (meine Meinung darüber, wie das wahrscheinlich enden wird, behalte ich einmal für mich, denken Sie selbst darüber nach).

Russland und China bilden einen neuen Pakt, ähnlich der NATO – so etwas gab es schon einmal, das war damals der Warschauer Pakt (nur auf Europa beschränkt) – um sich gegen den westlichen Einfluss (also Mächte) zu verbünden, der allen seinen Stempel aufdrücken will.

Und wieder fehlen Informationen darüber, wieso, weshalb, warum sie dies machen. Der Einfluss einiger Regierungen auf unsere Welt ist sehr groß. Dass es dann welche gibt, die sagen, es reicht, kann bestimmt jeder nachvollziehen, nur leider kennen wir als „normale" Bürger nicht die Gründe dafür und können es nicht verstehen.

Wir sind die, die später an den Waffen stehen, ihr Leben lassen für Ideen und Machtgerangel auf der Welt. Und gerade die Medien beeinflussen uns in dieser Richtung, denn es gibt NIE eine neutrale Berichterstattung im Krieg. Ein Teil der Meldungen ist mit persönlicher Meinung oder Vermutungen verbunden. Propaganda, um dem Feind Verbrechen vorzuwerfen, für die es keine Beweise gibt oder dies dann selbst zu tun, um es dem anderen in die Schuhe zu schieben (das beste Beispiel jetzt im Ukraine-Krieg ist die „schmutzige Bombe").

Beispiele für die Verschleierung der Wahrheit im Krieg:

I. **1. Weltkrieg: RMS** (Royal Mail Ship) Die Lusitania, die von einem deutschen U-Boot im Jahr 1915 versenkt worden ist.

Wie sich 70 Jahre später herausstellen sollte, war dieses Passagierschiff wohl nicht nur für den Transport von Menschen gedacht, denn auch Munition wurde so von Amerika nach England gebracht. Ebenso wussten die Briten schon zu diesem Zeitpunkt, dass ein U-Boot der Deutschen in der Nähe war, denn sie waren in der Lage, die kodierten Nachrichten der Deutschen zu entschlüsseln. Bei diesem Unglück starben mehr als 1200 Menschen (Kinder, Frauen und Männer) und die Wahrheit darüber kam erst Jahrzehnte später ans Licht (Lügen, die Geschichte schrieben F 2017– (History's Greatest Lies) (https://www.fernsehserien.de/luegen-die-geschichte-schrieben/episodenguide 22.10.2023)

II. **2. Weltkrieg:** Die Landung der Alliierten in der Normandie (Frankreich). Ein beispielloses Lügenmärchen, um die Deutschen zu verwirren und die Alliierten (England und USA) in Frankreich Fuß fassen zu lassen und so den Weltkrieg zu beenden. Eine sehr riskante Offensive. (Lügen, Kriegsstrategien und Geheimnisse, die Geschichte schrieben F 2017– History's Greatest Lies) (https://www.fernsehserien.de/luegen-die-geschichte-schrieben/episodenguide22.10.2023)

Es wird noch mehr solche Geschichten geben, in denen die Wahrheit (der Grund) als Erstes einem Konflikt zum Opfer fiel. Die Geschichte ist voll von diesen Konflikten und wir haben bis heute nichts Besseres zu tun, als uns weiter zu bekämpfen, anstatt die Probleme unserer Welt zu bewältigen.

Im Krieg scheint es keine Regeln mehr zu geben (genauer: Es gibt keine Regeln), Lügen, Plündern und andere Verbrechen gehören da zur Tagesordnung. Wie schon erwähnt, gibt es keine NEUTRALE Kriegsberichterstattung, viele Dinge werden verdreht (deshalb muss man sie trotzdem nicht gutheißen). Viele schlimme Dinge geschehen im Krieg, aber das Schlimmste im Krieg ist der Mangel an Informationen oder die Verschleierung solcher, denn durch diese kann man einen Krieg beeinflussen.

Seien wir zum Schluss einmal sehr spekulativ:

Nehmen wir einmal an, dass das westliche Bündnis (NATO) die eine Säule der Freimaurer darstellt und das östliche Bündnis (Russland, China, etc.) die zweite Säule, dann würde ja nur noch der Bogen für den Wohlstand fehlen und wir alle könnten in Frieden leben: ohne Krieg, ohne Leid.

XVII – Regierung/Politik

Wissen Sie eigentlich, was die Aufgabe einer Regierung ist (egal ob Demokratie oder Diktatur)?

Eine Regierung leitet einen Staat. Sie besteht aus einer Gruppe von Personen, die man auch „Regierungsmannschaft" oder „Kabinett" nennt. Der Regierungschef oder die Regierungschefin steht an der Spitze der Regierung. „Ministerinnen" und „Minister" sind die Personen, die in der Regierung für unterschiedliche Aufgabenbereiche verantwortlich sind. Die Regierung trifft sich regelmäßig in Sitzungen. Dort werden die Entscheidungen über die Innen- und Außenpolitik eines Staates getroffen. Das können zum Beispiel neue Regelungen

zum Kindergeld oder zu den Steuern oder zu Maßnahmen im Straßenverkehr sein. Die Gesetze, die diese Dinge dann regeln, werden vom Parlament beschlossen.
(https://www.hanisauland.de/wissen/lexikon/grosses-lexikon/r/ regierung.html 22.10.2023)

Hört sich toll an, ist aber wie in den meisten Fällen nur die halbe Wahrheit.

Eine Regierung wird vom Volk (von uns) gewählt, um den Haushalt (wie in unseren eigenen 4 Wänden) zu führen mit einigen Sonderaufgaben, wie für den Wohlstand des Volkes zu sorgen. Dies gilt für alle Regierungen der Welt. Die Regeln für die Regierungen sind in Verfassungen (in Deutschland das Grundgesetz) geregelt. Diese Verfassungen wurden im Laufe der Jahre immer wieder durch Ergänzungen verändert, sie werden wohl kaum in einem Staat im Original angewendet.

Und da haben wir es schon, wir haben die Grundregeln so verwässert, dass wir selbst (und damit nehme ich nicht einmal die Politiker aus) nicht mehr wissen, was da alles steht.

Die Regierungen sollen auch dafür sorgen, dass Konflikte, wenn möglich, vermieden werden (Außenpolitik), sollen den Bürgern helfen und den Haushalt wirtschaftlich führen.

Nur leider stimmt das doch schon lange nicht mehr, denn die Regierungen machen doch oft etwas, was wir nicht wollen. Die Beispiele für solche Dinge sind lang, ob Kinderarmut, Klimawandel oder sonst etwas, es läuft alles aus dem Ruder.

Das Wirtschaftliche ist schon lange im Eimer, denn wer gibt für den Bau eines Flughafens x-mal so viel aus, wie geplant, so etwas nennt man Steuerverschwendung, was jedes Jahr von diversen Organisationen abgemahnt und unterdessen sogar im Fernsehen gezeigt wird. Trotzdem ändert sich nichts.

Die Regierung wird von uns gewählt, soll unsere Interessen vertreten, nach innen und nach außen. Sie soll für Wohlstand sorgen und in neuester Zeit auch den Klimawandel verhindern.

Nur sind das in Deutschland unterdessen mehr als 700 Menschen im Bundestag und Parlament, die da mitreden müssen; selbst wenn es eine gute Idee gibt, dann wird so lange darüber geredet (oder Gremien gegründet, die sich beratschlagen) und es kommt etwas völlig anderes heraus oder auch nichts. Auch hier gilt wieder: „Viele Köche verderben den Brei".

Parteien schreien wegen des Klimawandels nach dem sofortigen Ausstieg aus allem. Aber, denkt einmal nach, wie soll das funktionieren, wenn wir von heute auf morgen kein Öl, Gas oder Strom haben? So etwas geht nicht von heute auf morgen, das bedarf Jahren und da die Regeln regelmäßig verändert werden, weil einer kommt, der der Meinung (Beispiel) ist, der Asphalt auf der Straße muss nicht mehr 5 cm dick sein, sondern jetzt 7,6 cm, macht es die Dinge nur komplizierter, langwieriger und problematischer.

Aber ob dies oder Begriffe wie „Zigeuner", „Liliputaner", „Gendern", „Neger" oder „Indianer" heute wegen Diskriminierung in der Luft zerfetzt werden, weil irgendein schlauer Mensch die Rechte dieser Minderheiten damit verletzt sieht. Seien wir doch einmal ehrlich, sehen Sie diesen Begriff als Diskriminierung oder eher als Darstellung einer Gruppe an?

Wir und unsere Regierungen (und nicht nur die in Deutschland) beschäftigen uns mit banalen Dingen, die uns mehr beschäftigen, als die Dinge, die für das Führen eines Landes durch die Regierung erforderlich sind. Gleichzeitig lenkt es von wichtigen/vorrangigen Themen und Entscheidungen ab (z. B. Klima).

Jede Regierung ist für ihren Bereich zuständig. Für das Wohl des Landes, eines Staates, seiner Bürger und gleichzeitig auch für die globalen (weltweiten) Probleme, wie z. B. Rohstoffe, Klima und Naturereignisse. Allerdings sind nicht nur unsere Regierungen dafür verantwortlich (es wäre schön, wenn man einem für alles die Schuld geben könnte, das funktioniert nur nicht), denn wir alle, die wir auf diesem Planeten leben, sind dafür verantwortlich. Denn wir alle sind für die Menschen dieses Planeten mitverantwortlich.

In den letzten Jahren gab es zu den tollen Ideen unserer Regierung (in Deutschland) und bestimmt auch in anderen Ländern sehr viele Dokumentationen oder Shows, in denen die

Missstände aufgezeigt worden sind. Nur leider ist auch dies nur die halbe Wahrheit.

In den letzten Jahrzehnten haben Firmen und Regierungen eines sehr deutlich gemacht: Es kostet alles Geld und darum möchten wir weniger Personal (ist teuer), wir lagern die Produktion in andere Länder aus (um Geld zu sparen) und haben die gesamte Struktur so verändert, dass heute nach 2 Jahren Corona kaum noch etwas geht/funktioniert (Lieferketten).

In den letzten Jahren hatte unsere Regierung diese Sparpolitik immer weiter verfolgt (schauen Sie doch einmal, wer Umweltminister war und theoretisch für den Ausstieg aus den fossilen Brennstoffen hätte sorgen können), der Umstieg auf alternative Energien wurde vernachlässigt, es kostet viel GELD.

Hört auf zu sagen, das haben wir nicht gewusst, dass wir auf einmal keine Menschen mehr haben, die für Recht und Ordnung, für die Sicherheit oder sonst etwas verantwortlich sind. Ihr habt es gewusst, denn ihr habt dafür gesorgt, dass diese Menschen (Berufe, Personalmangel) nicht mehr da sind, weil es Geld kostet. Alle Regierungen wollen Geld sparen (das machen Firmen auch), nur leider sind einige Dinge nur durch das Sparen nicht umsetzbar. Dadurch,dass sich dann auch noch alle 4 Jahre (Deutschland) die Zusammensetzung der Regierung ändert, haben immer wieder andere Menschen das Sagen und die Entscheidungsgewalt, was dazu führt, dass das, was vorher war, über den Haufen geworfen wird.

Modernisierungen in der Bildung (Digitalisierung) wurden vernachlässigt, weil sie Geld kosten, Personal bei Behörden wurde eingespart, weil es Geld kostet, dafür wurde die Regierung (Verwaltungsapparate) immer größer. Dinge werden nicht mehr regional produziert, sondern in „Billig"-Ländern (gerade während Corona braucht man sich nur einmal die Lieferengpässe anschauen) – ist dies nicht ein Ausnutzen der Schwächeren?

Alle Regierungen auf der Welt haben sich mit Nebensachen beschäftigt und wissen fast alle nicht einmal andeutungsweise, welche Vereinbarungen vor ihnen getroffen worden sind.

Nicht nur wir als Menschen, sondern auch unsere Regierungen müssen umdenken, damit wir eine friedliche und saubere

Welt für alle schaffen und dies wenn möglich, ohne dass noch Studien betrieben werden, ohne Gremien, die das sagen, was wir schon wissen.

Hört auf mit dem Reden (wie war das: Es gibt x Gründe, um etwas nicht zu tun, findet 1 Grund, um etwas zu tun), sondern handelt. JETZT.

Die Änderungen werden wir nicht morgen sehen, aber fangt endlich damit an und denkt selbst darüber nach, was nicht nur kurzfristig hilft, sondern langfristig.

Tun wir es endlich gemeinsam; kein Land und kein Staat können die Schwierigkeiten, vor denen wir stehen, ALLEINE lösen.

Vergesst die Studien und Gremien, ohne die geht es genauso gut (sie kosten unnütz Geld). Wir alle wissen doch schon lange, was wir tun müssten, und das GEMEINSAM.

Sorgt dafür, dass alles funktioniert, wie es soll; Brücken, die 70 Jahre alt sind, entsprechen wohl kaum noch dem Standard. Straßen, die mehr Schäden haben als ein Schweizer Käse. Krankenhäuser ohne Personal, dafür soll jedes Kind in den Kindergarten, wofür kein Personal da ist.

Von den Problemen der Armut will ich nicht anfangen, das regt nur noch auf. Es läuft so vieles schief. Setzt euch zusammen und findet eine Lösung, eine echte, die allen hilft anstelle irgendwelcher Flickenteppiche, die nur in eurer Amtszeit nichts verändern.

Ihr profiliert euch nur und ändert REIN GAR NICHTS.

Damit man das vielleicht besser versteht, was ich bis jetzt hier geschrieben habe, gibt es nichts Besseres als die aktuelle Zeit (2022, Krieg in Europa und Energiekrise). Alle Politiker erzählen uns, wir sollen Energie sparen (in welcher Form auch immer, Öl, Gas, Strom).

Schauen Sie aber einmal, was die Menschen machen, die uns so etwas erzählen, und das im digitalen Zeitalter. Ja, sie reisen von einer Konferenz mit anderen Regierungen zur nächsten (in die ganze Welt). Von Energie sparen kann da wohl kaum die Rede sein und auch nicht vom Klimaschutz, denn selbst ein/e Umweltminister/in wird nicht klimaneutral durch die Gegend fliegen. Wir allerdings, der kleine Mann (Bürger), die arbeitende Bevölkerung soll Energie sparen, weniger heizen, weniger Auto fahren und Strom sparen (bei E-Autos), das passt wohl nicht so ganz zusammen.

Als Kinder hatten wir Vorbilder, sei es die Prinzessin, Superman oder eine andere Märchengestalt, an denen wir uns orientierten. Wir wollten gerne so werden wie sie. Dies nehmen wir zum Anlass, unsere Handlungen den Vorbildern anzupassen, aber haben wir noch Vorbilder? Wenn man ein wenig die Tagesschau (Nachrichten) schaut, dann findet man eigentlich nur sehr wenige von diesen „Vorbildern". Egal in welchem Bereich, man möchte gerne sein wie, ja wie wer, der Politiker, der Geld veruntreut, der Firmenchef, der Geld sparen muss, und die Arbeiter, die dann mehr leisten sollen. Wir haben diese Vorbilder verloren, da es in fast allen Bereichen nur noch um Geld, Macht und Einfluss geht.

XVIII – Organisationen

Ist Ihnen eigentlich einmal aufgefallen, wie viele Organisationen es gibt, die sich mit dem Schutz (Pflanzen, Tiere, Menschen und Geschichte) beschäftigen?

Greenpeace oder WWF kennt glaube ich fast jeder, allerdings gibt es noch unzählige Organisationen mehr, die sich mit denselben Themen beschäftigen.

Organisationen für den Schutz einer Pflanzenart (auch davon gibt es mehr als eine), den Schutz einer Tierart (auch hiervon gibt es mehr als eine). Sie alle wollen dasselbe, das Leben (die Artenvielfalt) auf diesem Planeten schützen. Nur reden die alle nicht miteinander, denn jeder, der eine solche Organisation leitet, möchte sich profilieren (darstellen, dass er besser ist, im Rampenlicht stehen) und genau deshalb arbeiten sie alle aneinander vorbei.

Das sind ja die bekannten Organisationen, von denen wir regelmäßig hören.

Nur gibt es noch so viele mehr und überall ist es dasselbe Spiel. Egal ob die Organisationen privat oder staatlich sind, sie arbeiten alle aneinander vorbei, ohne sich abzusprechen.

Ob der Schutz vor Armut (Altersarmut, Kinderarmut), bessere Arbeitsbedingungen, die Wahrung der Geschichte (besonders der Zweite Weltkrieg – es gab noch andere Kriege), ob Organisationen für Sprache, Kultur, Selbstversorgung (Entwicklungsländer), Hilfen in jeglicher Art. Sie alle arbeiten nur nebeneinanderher, nicht miteinander.

Eine Übersicht unbekannter Organisationen, werden wir wohl kaum finden, es gibt zu viele.

Nun gibt es aber noch die Organisationen, die uns dann auch noch in einer gewissen Form Angst machen. Querdenker, Verschwörungstheoretiker oder sogar „Geheimgesellschaften".

Bei Querdenkern, so nimmt man an, handelt es sich um Menschen, die anders denken als die Allgemeinheit; stimmt nicht so ganz wirklich, denn gerade diese Gruppe wird besonders mit den Verschwörungstheoretikern in eine Schublade gesteckt. Hier macht sich vor allem das Unwissen bemerkbar (und dies wird durch Geheimhaltung, Vertuschung etc. stark befeuert).

Das Problem dabei ist in vielen Fällen, jemand sagt etwas und viele glauben es (das beste Beispiel der heutigen Zeit: Donald Trump mit der Behauptung, seine Wahlniederlage in den Vereinigten Staaten von Amerika wäre manipuliert, wofür er keine Beweise vorlegt), die Fakten werden nicht geprüft und es geht leider auch nicht immer sehr friedlich aus.

Die Geheimgesellschaften (manche Gesellschaften) sind da eine andere Kategorie (ob Freimaurer, Templer, Illuminati oder wie sie auch immer heißen mögen), es sind in der Regel Zusammenschlüsse von Menschen mit vielleicht einem besonderen Wissen, welches vielleicht geschützt werden muss. Oder Gruppen, die vielleicht radikale Veränderungen wollen. Das alles wissen wir nicht, denn es ist ja wie viele Dinge geheim (nicht öffentlich zugänglich). So etwas macht uns Angst.

Aber vielleicht sind diese Geheimgesellschaften gar nicht so „böse", wie wir denken (oder wie man uns versucht, weiszumachen), sondern beschützen etwas. Leider werden wir das heute und wahrscheinlich auch in näherer Zukunft nicht erfahren.

Erst einmal alles ablehnen, das fremd und undurchsichtig ist – es könnte das jetzige Gefüge stören (oder gar zerstören).

XIX – Wissenschaft

Wissenschaft, ein schönes Wort und was verstehen wir darunter? Die meisten würden z. B. sagen, einen Impfstoff (da aktuell) gegen Corona, nur leider sehr weit daneben.

Allerdings um den Begriff Wissenschaft genauer betrachten zu können, müssen wir etwas abschweifen.

In der heutigen Zeit gibt es mehr „Kunstbegriffe" (wie „Perfektion", Wissenschaft, „Klimaneutralität", „Gender" und viele mehr), es sind Kunstworte, durch die wir alle denken, wir wüssten, wovon wir reden. Tun wir nur leider nicht. Es sind erfundene Worte, die wir in der heutigen Zeit alle anders interpretieren; wir denken, wir wissen, was sich hinter „Gender" oder „Wissenschaft" verbirgt, aber tun wir dies wirklich?

Laut Wikipedia (auch ich schlage einmal nach) soll es das bedeuten:

*Als **Gender** ([ˈdʒɛndɐ]; Lehnwort aus dem Englischen) oder **soziales Geschlecht** werden Geschlechtsaspekte zusammengefasst, die eine Person in Gesellschaft und Kultur in Abgrenzung zu ihrem rein biologischen Geschlecht (englisch sex) beschreiben. In den Sozialwissenschaften untersuchen die Gender Studies (Geschlechterforschung) seit den 1970er-Jahren das Verhältnis der Geschlechter*

zueinander, ihre unterschiedlichen Geschlechterrollen und die sozio-
kulturelle Geschlechterordnung sowie – in kritischer Absicht – insbe-
sondere auch deren gesellschaftliche Entstehung bzw. Konstituierung.
Hört sich toll an, aber verstehen wir das wirklich? Und das
Wort Wissenschaft taucht auch hier wieder auf.

Wissenschaft ist die Bezeichnung des menschlichen Wissens
und der daraus gewonnenen Erfahrung. Dies sogar noch in einer zeitlichen Epoche, nicht mehr und nicht weniger.

Das wäre eigentlich die Wissenschaft und dann könnte ich
jetzt hier ja aufhören zu schreiben, aber nein, wir haben diesen
Begriff verallgemeinert und wissen nicht mehr, was es ist, denn
die meisten reden bei Wissenschaft von Forschung (z. B. Medizin oder Technologie).

Heute verstehen wir etwas völlig anderes unter Wissenschaft,
ob Realwissenschaft, Naturwissenschaft, Formalwissenschaft
(Mathematik), Sozialwissenschaft, Geisteswissenschaft, Be-
triebswirtschaftslehre oder Volkswirtschaftslehre.

Wir haben den Begriff, den wir alle einmal verstanden haben, so verwässert (in verschiedene Bereiche geordnet/unter-
teilt), dass wir eigentlich gar nicht mehr wissen, was dieser Begriff bedeutet. Leider ist dies bei sehr vielen Begriffen in der
heutigen Zeit der Fall (Sammelbegriffe).

Weltweit wir alles „Verdenglischt" (ein Kunstbegriff, der
meint, dass im Deutschen bestimmte englische Worte benutzt
werden) und alle sollen wissen, was damit gemeint ist.

Wir haben unsere Kommunikation so kompliziert gemacht,
dass wir unser Gegenüber nicht mehr verstehen, denn was wissen wir denn von Tripes (im Spanischen ein Essen aus Innerei-
en, kommt eigentlich aus dem Französischen und hat etwas mit
Essen zu tun, heute wird es aber für „Organisationseinheit" benutzt), Imperialismus (Bestreben eines Staatswesens bzw. seiner politischen Führung, in anderen Ländern oder bei anderen
Völkern politischen und wirtschaftlichen Einfluss zu erlangen),
Nazismus (kommt vom Begriff Nationalsozialismus und ist eine
radikal antisemitische, rassistische, ultranationalistische, völ-
kische, sozialdarwinistische, antikommunistische, antilibera-

le und antidemokratische Ideologie, auch wenn dies oft mit den Nazis in Einklang gebracht wird, oder mit Narzissmus (Selbstverherrlichung) verwechselt wird.

Wir interpretieren in diese Worte Dinge, die nichts mit dem wirklichen Begriff zu tun haben und da wollen wir uns weltweit verständigen, um Hunger und Krieg zu bekämpfen und Klimaschutz zu betreiben?

Wissenschaft ist die Bezeichnung des menschlichen Wissens und der daraus gewonnenen Erfahrung und dies sogar noch in einer zeitlichen Epoche.

Wir sollten lernen, uns KLAR und DEUTLICH zu verständigen, ansonsten werden wir mehr Missverständnisse erfahren, als uns lieb ist. Zudem auch noch OFFEN und EHRLICH.

XX – Produkte

Sie gehen bestimmt wie ich regelmäßig einkaufen. Ist Ihnen einmal aufgefallen, was für eine Vielfalt an Produkten es gibt? Bestimmt.

Für jeden ist etwas dabei (und wie schon vorher beschrieben wird auch gut gemogelt). Diese Vielfalt an Produkten und damit meine ich nicht nur Lebensmittel, sondern alle Produkte, die wir irgendwo kaufen können.

Geschmack, Farbe, Größe, Aussehen und Funktionen unterscheiden sich wenig und dennoch haben wir von jedem Produkt unzählige Varianten.

Bei Lebensmitteln ist es doch schon recht umfangreich, schauen Sie sich einmal die Milchprodukte oder Cornflakes an. Die Auswahl ist riesig, nur ist dies noch wirklich verhältnismäßig.

Die Vielfalt der Produkte in den Vereinigten Staaten von Amerika ist noch um einiges größer, ganze Gänge voll mit Cornflakes und das in fast jeder Geschmacksrichtung und Größe bis hin zur XXXL-Packung. Und da wundern wir uns, warum wir ggf. Nahrungsmittel entsorgen.

Ja, wir wollen nicht jeden Tag dasselbe essen, aber die 2 Scheiben Wurst (Beispiel) bekommen wir nur als 100 g (meistens abgepackt) oder mehr, allerdings essen wir es nur heute und nicht morgen, sondern erst in einigen Tagen, weil wir morgen auf etwas anderes Hunger haben und damit sorgen wir für einen Kreislauf, der dafür sorgt, dass wir in den westlichen Ländern immer genug haben (mit einer atemberaubenden Vielfalt) und andere weniger. Wir haben einen Überfluss in den westlichen Ländern (Industriestaaten), dafür haben die „Entwicklungsländer" zu wenig.

Aber schauen Sie doch einmal, wer die ganzen Chips herstellt: Ja genau, es sind meistens sogar noch dieselben Firmen und nur die Zutaten (geringfügig) sind etwas anders.

Noch interessanter wird es bei Technologie, denn ich glaube, jeder von Ihnen besitzt ein Handy. Schauen Sie einmal, wie viele verschiedene Modelle und Firmen es gibt, die solche Geräte herstellen.

Es sind gar nicht so viele, nicht wahr, aber jedes Jahr kommen neue Smartphones auf den Markt. Sie sollen schneller und besser sein als das Modell davor. Von dem Verbrauch an Rohstoffen (und hier sind es seltene Metalle) einmal abgesehen, aber auch die Entwicklung, Produktion und Vertrieb und dann ändert sich auch noch regelmäßig das Betriebssystem (Aktualisierung).

Ich habe absichtlich das Beispiel Smartphone gewählt, da wir uns fast alle 2 Jahre ein neues kaufen (neuer Vertrag, besseres Datenvolumen und wir wollen angeben). Nur, was tun die meisten mit ihren alten? Einige verkaufen es weiter, damit jemand anderes ein neueres hat und das des Käufers wird dann auf einer Elektrodeponie gesammelt (Vergeudung & Umweltbelastung).

Die, die es an den Netzbetreiber zurückgeben und hoffen, dass es recycelt wird, müssen sich leider mit demselben Dilemma herumschlagen, denn ihr Handy wird in den seltensten Fällen recycelt (einfach gesagt: zu aufwendig und kostspielig).

Und bei denen, die es dann zum Recyclinghof bringen, ist es auch nicht anders, leider.

Die Vielfalt an Produkten in allen Bereichen unseres Lebens ist sehr, sehr groß geworden. Wir sind verwöhnt, weil wir einen neuen Geschmack suchen, etwas Besseres als das, was wir schon haben oder weil wir einfach die Aufmerksamkeit auf uns richten wollen.

Die Vielfalt ist zu groß geworden, die Ressourcen, die wir „verschwenden", sind enorm.

Aber gerade bei Technologie müsste das doch nicht wirklich sein, aber da gab es noch etwas anderes, die Energieeffizienzklasse.

Tolle Idee, allerdings wird dies regelmäßig geändert, denn es könnten ja neue Technologien auf den Markt kommen, die weniger Energie verbrauchen und damit wir dann auch noch immer Schritt halten, um Energie zu sparen, müssten wir uns in regelmäßigen Abständen auch noch alle technischen Geräte neu kaufen – obwohl diese noch funktionieren und ggf. sogar weniger Energie verbrauchen als die neuen, da sich ja nur der Bereich für die Einstufung geändert hat.

Denkt selbst einmal logisch nach. Wir alle haben doch schon lange den Überblick verloren, die wenigsten beschäftigen sich damit und wir produzieren dann noch mehr Elektroschrott, den wir nicht recyceln.

Einweg-Produkte, instabiles Spielzeug – Rohstoffe und Materialien, die eigentlich nur für den Müll/Verbrauch hergestellt werden. Materialien, die nicht abbaubar sind, nicht recycelbar ... Schon einmal darüber nachgedacht?

XXI - Gesundheit

Medizin hat in den letzten Jahrhunderten dafür gesorgt, dass unsere Lebenserwartung deutlich gestiegen ist. Wir haben einige Krankheiten fast ausgerottet, können Krankheiten vorbeugen und sogar durch Technologie Körperteile ersetzen.

Auch wenn sich das Gesundheitssystem in jedem Land anders verhält, so haben wir es dennoch geschafft, Leiden zu lindern. Die Ironie daran ist, dass uns dies schon Asklepios (ca. 290 vor Christus) beschrieb und er erschuf nicht nur die Grundlagen der menschlichen (Humanmedizin), sondern auch die der Veterinärmedizin (Tiere).

Die Kombination aus Forschung, Technologie und Medizin lässt übertrieben gesagt Blinde wieder sehen, Verkrüppelte wieder laufen und noch vieles mehr.

Jetzt, wo wir Corona (Covid-19) haben (hatten), war es der Medizin möglich, uns davor zu schützen (auch wenn viele eher in Verschwörungstheorien ihr Glück suchten).

Doch Corona wird nicht das erste und letzte Virus sein, das es auf unserem Planeten gibt.

Viren und Bakterien benötigt unser Körper, um uns vor anderen zu schützen (das Immunsystem). Auch wenn es vielleicht positiv ist, sich gegen Viren und Bakterien zu schützen, so sollten wir dies nicht übertreiben. Leider sehen wir dies, wenn wir ein wenig mit offenen Augen durch die Welt laufen. Mütter, die nach dem Sandkasten sofort die Hände desinfizieren, die jede Schramme, die beim Spielen entstanden ist, desinfizieren und die die jungen Menschen vor allem schützen wollen. Aber ist das wirklich gut? Unser Immunsystem braucht diese Viren (Viren sind speziell, da benötigen wir vielleicht kein Antibiotikum, denn dies könnte unser Körper vielleicht selbst machen) und Bakterien, um sich zu entwickeln, um stark zu werden und sich gegen andere Viren und Bakterien zu verteidigen (Abwehrstoffe zu bilden).

Durch den übertriebenen Einsatz dieser Hygienemaßnahmen sorgen wir selbst dafür, dass wir unseren eigenen Schutz destabilisieren.

Wahrscheinlich werden mich wegen dieser paar Sätze fast alle Eltern und Ärzte auseinandernehmen, dennoch ist es die Wahrheit. Gerade zu Zeiten von Corona ist der Bedarf an Desinfektionsmittel stark gestiegen und nicht nur, um sauber zu machen (da sollte man sich einmal die Werbung anschauen, z. B. Sagrotan), sondern auch in allen anderen Bereichen des Lebens hat dies zugenommen. Nur wie wollen wir uns dann noch gegen eine Grippe schützen, wenn wir kein Immunsystem (Abwehrkräfte) mehr haben, welches darauf reagieren kann? Gewisse Mengen an Schmutz schaffen doch Abwehrkräfte, doch jeder reagiert anders darauf. Viele Überempfindlichkeiten und Allergien werden doch durch Fremdstoffe ausgelöst oder durch mangelnde Abwehr. Ein gewisses Maß an Hygiene ist sinnvoll (gut), aber steril ist dann doch etwas übertrieben. Wir wissen nicht, welche Viren und Bakterien noch auf unserer Welt sind, vor denen wir uns schützen müssten. Gerade durch den Klimawandel besteht die Möglichkeit, dass Viren und Bakterien (Schmelzen von Eis) in unsere moderne Zeit gelangen, die Jahrtausende alt sind und gegen die wir wenig Schutz haben. Auf das, was dort noch auf uns zukommen wird, sollten wir vorbereitet sein (ob wir das wirklich können, ist eine mehr als berechtigte Frage).

Sie alle haben bestimmt auch einmal den Film „Jurassic Park" gesehen und waren fasziniert von dieser Science Fiction. Die Möglichkeiten der heutigen Medizin lassen uns Organe „züchten" und Sie werden es nicht glauben, unterdessen möchte man sogar Tiere, die Jahrtausende nicht mehr auf dieser Welt wandeln, wiederbeleben. Ich sagte schon, die Zukunft ist viel näher, als wir denken. Aber bedenken wir ggf. auch die Folgen eines so tiefen Eingriffs in die Natur.

In der Physik lernen wir: Auf jede Aktion erfolgt eine Gegenreaktion. Wir spielen so viel in der Genetik herum (z. B. besseres Getreide, ertragreicher und widerstandsfähiger), erkennen oft aber nicht die Folgen für andere natürliche oder menschliche Gefahren.

Wir müssen lernen, behutsam mit den uns anvertrauten Dingen umzugehen, egal welchen Bereich es auch betrifft. Denn wie heißt es in dem Film doch gleich: „Die Natur wird einen Weg finden" und nicht der Mensch wird einen Weg finden.

Forschung, Technologie und Medizin sind sehr mächtige Werkzeuge, mit denen wir viel erreichen können und ebenso viel zerstören können.

In den letzten Jahren kam aber etwas in der Medizin hinzu, welches viele dazu animiert, ein perfekter Mensch zu werden (Plastische Chirurgie –Schönheitsoperationen).

Vorweg, das Wort „perfekt" gibt es nicht, es ist ein künstliches Wort. Es wird weder einen Menschen, noch eine Maschine geben (Maschinen werden ja von Menschen gemacht), die zu 100 % vollkommen und ohne Fehler ist, das sind eben Menschen.

Plastische Chirurgie ist bestimmt etwas Gutes, vor allem dann, wenn man Menschen helfen kann, die z. B. durch einen Unfall entstellt worden sind oder durch Krebs (dafür haben wir noch kein wirkliches Heilmittel) eine Brust verloren haben.

Schaut man sich die Shows im Fernsehen an oder verfolgt ein wenig die VIP-News, so erkennt man, dass dies unterdessen viele machen.

Ob Brustvergrößerung, Fettabsaugen (Sport soll da immer noch die bevorzugte Methode sein), Liften lassen (straffere Haut dank Botox oder anderer Mittel), Nasenoperation und so weiter. Die Möglichkeiten, um „perfekt" zu sein, sind unbegrenzt. Da ja Geld die Welt regiert, treten gerade bei solchen Operationen häufiger nicht so schöne Nebeneffekte auf. Auf das Trauma und die Verunstaltung des Körpers wollen wir dann lieber nicht genauer eingehen.

Und nein, damit sind nicht nur die Damen gemeint, die Herren stehen hier nicht sehr viel hinterher.

Nur, warum tun wir dies? Um unserer persönlichen Ansicht nach einen „perfekten" Körper zu haben, den sich alle anschauen. Da sind wir wieder bei dem Thema mit dem Profilieren. Wir wollen auch hier nur zeigen, dass wir besser, schöner, attraktiver, bewundernswerter sind als andere.

Bitte verstehen Sie es nicht falsch, Operationen, die erforderlich sind, um – ich sage es einmal salopp – Schäden durch Krankheiten, Unfälle etc. zu korrigieren, sind in Ordnung. Die Verschönerung des Körpers, damit ich mit 80 Jahren noch wie 20 Jahre aussehe, ist mehr als übertrieben.

04 – Zukunft

William Shakespeare schrieb in seinem Werk „Hamlet": „Sein oder nicht sein, das ist hier die Frage" und gleichzeitig erscheint vor einigen Jahren ein Film mit dem Titel „Denn Sie wissen nicht, was Sie tun" und genau diese Frage müssen wir uns nun stellen.

Ich werde bestimmt keine Lösung für die Zukunft bieten können, aber wir können gemeinsam versuchen, die Zukunft zu gestalten.

Ich habe noch lange nicht alle Schwierigkeiten, die wir auf dieser Welt haben, aufgelistet, denn Themen wie Kinderarmut, Altersarmut und Asyl sind Themen, die oft mit den schon beschriebenen zusammenhängen. Es ist eben alles ein großes Uhrwerk, in dem ein Zahnrad in das andere greift und verändern wir die Größe oder Geschwindigkeit, dann wird die Uhr nicht mehr richtig laufen.

Viele der Schwierigkeiten, die wir haben, beruhen auf der Wirtschaft, dem Geld und v. a. der Macht (nein, Star Wars ist hier nicht gemeint, sondern die Macht über andere, die Beeinflussung). Im Grunde ist es ein „Was wäre, wenn..."-Spiel.

Verändern wir allerdings das wirtschaftliche System, das dann nicht mehr auf Gewinn aus ist, sondern nur das Ziel hat, die Ressourcen dieser Welt zu schützen – z. B. beim Recycling –, dann ergeben sich ganz andere Dinge. Denn gerade dieses Thema ist nicht wirtschaftlich.

Wenn wir ebenfalls das „Geld" durch etwas anderes ersetzen würden, könnte sich eine andere Zukunft bilden.

Das, was jeder von uns tun sollte, egal welcher Schicht er angehört, wäre vernünftig (und zwar nicht nur von heute auf morgen, sondern für eine lange Zeit) das Geschehen der Menschheit zu beeinflussen (derzeitig können es nur die, die Macht und Geld haben). Doch stellen wir uns einmal vor, dies wäre nicht so:

Nehmen wir weiter an, nicht mehr das wirtschaftliche Geschehen, das Geld und die Macht würden im Vordergrund stehen, sondern der Mensch, die Natur und unser Planet. Eine gerechte Verteilung aller Ressourcen dieser Welt an alle. Durch das „Geld", welches vielleicht nicht mehr existieren würde, würden weniger Verbrechen stattfinden (obwohl man bestimmt immer einen Weg findet, wenn man will).

Die jetzigen ärmeren Völker wären nicht mehr neidisch auf die Völker, die mehr haben, denn wir würden alle von den Ressourcen dieses Planeten profitieren.

Allen können wir es ja so oder so nie recht machen, aber theoretisch hätten wir doch damit auf der ganzen Welt motivierte Menschen, die arbeiten möchten. Ja, es gibt Arbeiten, die nicht so schön sind, aber wir müssen die Arbeit ja auch nicht in ein Land holen, wir können die Arbeit auch zu den Menschen bringen, was durchaus einen Vorteil hätte, denn damit würde wahrscheinlich eine Völkerwanderung (Asyl) ausbleiben, da bei ihnen ja dieselben Regeln gelten würden, wie bei uns.

Bleibt allerdings noch das größte und v. a. schlimmste Thema unserer heutigen Zeit: das Klima.

Wir haben im letzten Jahrhundert nicht wirklich dafür gesorgt, dass es unserem Planeten gut geht, was oft wirtschaftliche Aspekte hatte. Nun müssen wir umdenken.

Wir MÜSSEN die Rohstoffe dieser Welt benutzen, wieder verwertbar machen und nicht in irgendwelchen Stollen lagern (ob Atommüll oder Chemikalien der Industrie), sondern wir müssen diese durch unsere Technologie und Menschen wieder zu etwas machen, das wir benötigen, ohne dass wir die Umwelt weiter belasten. Neue Technologien finden, die uns dabei helfen, die Schäden, die wir schon angerichtet haben, wieder gutzumachen.

Glauben Sie bloß nicht, dass dies alles von heute auf morgen geschehen kann, nein, das wird nicht funktionieren.

Ein Beispiel: Der Ausstieg aus Atom- und Kohlekraft zur Stromgewinnung. Jeder von uns verbraucht Strom für was auch immer und davon brauchen wir in einer Nation noch mehr. Jetzt schalten wir die Kraftwerke, die diesen Strom erzeugen, von heute auf morgen ab und wo kommt dann der Strom her, den wir zum Betreiben unserer Technologie benötigen? Ja, ich weiß, aus der Steckdose. STOP-Kopf drücken, das funktioniert nicht. Erst müssen wir Alternativen schaffen, um den Strom, den diese Kraftwerke erzeugt haben, zu generieren. Dieselben Dinge gelten auch für das Heizen (Wärme).

Bestimmt sind Sonnenenergie, Windkraft und Wasserkraft eine tolle Idee, aber rentieren sie sich auch langfristig?

Da ich selbst Besitzer eines kleinen Hauses bin, muss ich mir die Frage auch stellen. Sie werden es nicht glauben, ich bin zu einer völlig anderen Lösung gekommen.

Wir haben gelernt, aus Wasser den Wasserstoff herzustellen. Da werden jetzt einige sagen, das ist doch gefährlich. Bestimmt, aber gefährlicher als Atomkraft?

Ich habe mich einmal ein wenig schlaugemacht und es gibt Wasserstoffheizungen (ja richtig gelesen und ironischerweise könnten sie auch mit Gas betrieben werden), die haben sogar noch einen riesigen Vorteil, denn sie würden nicht nur für die Wärme sorgen, sondern diese Heizungen produzieren auch Strom.

Es gibt derzeit viele Probleme dabei, denn zum einen produzieren wir nicht genug Wasserstoff, zum anderen würde das jetzige Gasnetz nicht in der Lage sein, dies zu transportieren.

Man sieht, dass die Grundlage dafür schon da ist, denn ein Gas/ Stromnetz haben wir ja schon. Es müsste nur überarbeitet werden; damit könnten wir uns die Massen an Solaranlagen sparen (die ebenfalls eine Menge an Rohstoffen benötigen). Sparen wir uns die Windkraftwerke, die viel Platz wegnehmen, Tiere und Natur bedrohen (und nach 10 Jahren, weil sie nicht mehr gefördert werden, außer Betrieb genommen werden), sparen wir uns die Wasserkraftwerke, für die eine Menge Natur zerstört wird (einige sind wahrscheinlich sogar sinnvoll).

Wie Sie erkennen können, haben wir die Technologie, um vieles schneller zum Besseren zu wenden, als wir denken, nur wir nutzen sie nicht. Wir denken nicht darüber nach, was passiert, wenn wir das eine Problem beseitigen, wir schaffen gleichzeitig damit neue Probleme.

Wir müssen doch einfach nur ein wenig anders denken. Wir müssen uns vor Augen halten, welche Rohstoffe für eine Technologie benötigt werden, um diese zu nutzen (am Beispiel E-Auto: Aus vielen Berichten und Feldversuchen von Stromversorgern geht hervor, dass ihr Netz nicht in der Lage ist, diese Mengen an Strom zu liefern, obendrein werden für die E-Autos auch noch viele seltene Rohstoffe benötigt und die alten werden nicht wiederverwertet).

Wenn ich dann die Regierung der Bundesrepublik Deutschland (und wahrscheinlich nicht nur diese) höre, dann würden jetzt Gremien und Beraterteams gegründet, die Unmengen an Geld verschlingen und wahrscheinlich zu völlig absurden Ergebnissen kommen würden, wodurch sich zum einen nicht wirklich etwas ändern würde, da es nicht wirtschaftlich ist, und zum anderen würde es Jahre dauern, bis man irgendwann einmal damit anfangen würde, die absurden Ideen umzusetzen, die unserer Welt nicht wirklich helfen würden.

Einfach einmal ein wenig über den Tellerrand schauen, was ich in den Mengen an Seiten vorher versucht habe, zu verdeutlichen. Wir haben nur eine Welt, wir haben nur eine begrenzte Menge an Ressourcen (auch wenn diese unerschöpflich zu sein scheinen), allerdings nur für die JETZIGE Generation, aber was ist mit den Generationen nach uns, mit den Kindern unserer Kinder?

Dadurch, dass die „MÄCHTIGEN" sich nicht wirklich entscheiden können oder kuriose Entscheidungen (kurzfristige) treffen, über die mehr als die Hälfte der Menschen sagt, dass sie Blödsinn sind, sondern die eher an das Wirtschaftliche denken (das Geld oder ihren Namen und gerne ihren Namen in der Geschichte sehen möchten), lässt sich nichts dauerhaft verbessern/verändern.

Wir müssen UMDENKEN. Sinnvoll planen und nicht erst in 20 Jahren, sondern wir hätten schon vor langer Zeit anfangen müssen, uns auf den Weg zu machen, um unsere Welt zu retten.

Es ist ein schöner Gedanke, nur leider wird er wohl nie umgesetzt. Die Menschen, die heute das Geld und die Macht haben, werden sich ihren Wohlstand kaum nehmen lassen. Regierungen, die herrschen und nicht-demokratische Ziele umsetzen, würden sich in ihrer Macht eingeschränkt sehen.

05 – Nachwort

Wie Sie sicherlich erkannt haben, hängen viele Probleme, die wir haben, mit der Wirtschaftlichkeit unserer Gesellschaft zusammen. Selbst auf die Themen, die ich nicht angeschnitten habe, kann man dieses anwenden. Denn alles, was nicht wirtschaftlich ist, sorgt nur für Probleme, die nicht in die von uns generierte Gesellschaft passen.

Im Jahr 2018 schrieb Stephen Hawking (08.1.1942-14.03.2018) (Physiker und Astrophysiker):

> *„Die Erde ist in so vieler Hinsicht bedroht, dass es mir schwerfällt, optimistisch zu sein. Die Bedrohungen sind zu gewaltig, und es sind zu viele."*
> *„Die Erde ist zu klein für uns. Unsere Ressourcen wie beispielsweise die Bodenschätze erschöpfen sich mit rasanter Geschwindigkeit."*
> *„Beide Auswirkungen könnten dazu führen, dass wir ein Klima wie das auf der Venus bekommen: siedend heiß, Schwefelsäureregen und eine Temperatur von weit über 250 Grad. Menschliches Leben wäre nicht mehr möglich", schreibt Hawking.*

(https://www.welt.de/wissenschaft/article174529907/Diese-Warnungen-von-Stephen-Hawking-werden-die-Menschheit-begleiten.html 22.10.2023)

Heftige Worte und dennoch habe ich zu zeigen versucht, durch eine vielleicht etwas einfachere Darstellung, dass wir genau an diesem Punkt sind. Allerdings mit der Aussage von Hawking, wir sollten uns einen neuen Planeten suchen, stimme ich nicht überein, denn wir würden das Gleiche mit diesem Planeten machen, wie wir es gerade mit der Erde tun und hätten nichts dazugelernt. Die Probleme würden bleiben.

Ganz zum Schluss möchte ich noch zwei sehr interessante Randgebiete erwähnen, die vielleicht dabei helfen könnten, unsere Geschichte, von der wir nur einige Jahrhunderte wirklich kennen, etwas zu durchleuchten.

Verbotene (Secret) Archäologie: Das Finden von Gegenständen und Artefakten sowie Schriften, die nicht in die von uns aufgezeichnete Geschichte passen (ein Beispiel: Menschen, die mit Dinosauriern spielen).

Prä-Astronautik: Ufos und Aliens (Außerirdische) werden von einigen dazu benutzt, die Geschichte der Menschheit, die Entstehung und viele Rätsel der Vergangenheit einfach zu erklären.

Nur leider werden hierbei der Wissensstand, unsere Ansichten und unsere Technologie dazu benutzt, dies sogar noch als WAHR zu verkaufen.

Versuchen wir einmal, bei den Fakten zu bleiben, ohne zu sehr davon auszugehen, dass es nicht-irdische Wesen gibt.

Die Aussage, die Himmelswesen hätten sich mit den Menschen gepaart (wie es in vielen heiligen Schriften in Indien erwähnt wird), würde jeder biologischen Grundlage widersprechen, denn es würde voraussetzen, dass alle nicht-irdischen Wesen biologisch und genetisch den Menschen ähnlich wären.

Die Aussage, dass Bauwerke, Erfinder (ein Beispiel: da Vinci, vor über 500 Jahren legte er viele Grundsteine der heutigen Anatomie, Robotik [künstlicher Tiger], Fluggeräte, U-Boote und noch von sehr vielem mehr, so wie viele andere geniale Menschen unserer Geschichte, z. B. Einstein) von Außerirdischen beeinflusst worden wären und man ihnen dabei geholfen hätte, entsprechende „Monumente" und Wissen zu gestalten bzw. zu erlangen, beruht ebenfalls auf der Annahme, dass nicht-irdische Wesen den selben ökologischen Bedingungen unterliegen, wie wir (Sauerstoff, Klima etc.).

Dies würde aber eines voraussetzen, das uns in der heutigen Zeit noch nicht einmal gelingt. Denn verstehen wir die Denkweisen anderer Völker oder Kulturen? Wir beherrschen nur bedingt ihre Sprache, aber wie sie denken und warum sie so handeln, verstehen wir nicht. Wie sollen wir erwarten, dass wir die

Sprache, das Denken und Handeln von nicht-irdischen Wesen verstehen und begreifen? Wir gehen immer von unserer eigenen logischen Denkweise/Kultur/Umfeld aus, in der wir heimisch sind. Insbesondere die westliche Welt möchte andere Systeme (Kulturen) überzeugen, dass die Ihren/Unseren die besten sind. Wo bleiben da Akzeptanz und Toleranz? Anderes zu akzeptieren, vielleicht anzunehmen, kann auch eine Bereicherung sein. Zusammenarbeit ergibt sich aus dem Nebeneinander der Vielfältigkeit.

Das Wissen, das die Prä-Astronautiker zugrunde legen ist, dass nicht-irdische Wesen uns gleichen, aber da wir ja keine Aliens (z. B. die Grauen) wirklich gesehen haben, mit ihnen kommuniziert haben und schon gar nicht verstehen, wie ihre Anatomie im Vergleich zu uns Menschen ist, ist es nur eine Vermutung/Spekulation, um ungewöhnliche, hochkomplizierte Dinge der Geschichte zu erklären (Ägypten, Maya, Inka und noch vieles andere).

Ob Außerirdische, Parallelwelten oder Zeitsprünge wirklich den Lauf der Geschichte und der Menschheit beeinflusst haben, ist mehr Spekulation als Wissen, welches auf Fakten basiert.

Versuchen wir aber einmal, bei den Fakten zu bleiben. Vergangene Kulturen haben einzigartige Monumente gebaut, haben mehr über die Sterne gewusst, als wir bis vor wenigen Jahren, das ist ein Fakt (und vielleicht hat Graham Hancock – Schriftsteller – gar nicht so unrecht, wenn er vermutet, dass die Menschheit schon viel älter ist). Wie diese Kulturen das Wissen erhalten haben oder in der Lage waren, aufgrund ihrer damaligen Technologie und ihres Verständnisses von Wissen diese Dinge zu bauen (Pyramiden) oder Kalender zu entwerfen (Maya), bleibt uns ein Rätsel und ist mit der heutigen Denkweise und Technologie kaum zu erklären. Selbst mit den modernsten Technologien wären wir nicht einmal in der Lage dazu, manches nachzubauen.

Sollte es wirklich nicht-irdische Kulturen/Völker geben, so sollten wir einmal ganz schnell von dem hohen Ross herunterkommen, denn dann wäre der Mensch nicht die ultimative Schöpfung.

Wir gehen mit unserem technologischen und biologischen Wissen davon aus, dass nicht-irdische Völker genauso sind wie wir, aber was wäre, wenn wir uns irren? Die Vielfalt auf diesem Planeten ist beachtlich und wir gehen davon aus, dass es nur diese im Universum gibt. Weit entfernt würde ich sagen, denn es sind nur Annahmen und Spekulationen.

Unser Planet Erde (lateinisch „Terra") liegt am äußersten Rand dieser Galaxie, welche nur eine von unendlich vielen Galaxien ist.

Wir sollten lernen, nicht neue Welten zu finden, wo wir leben können und genauso weitermachen wie bisher, nein, wir sollten unsere Welt retten. Und nein, dies geht nicht von heute auf morgen, aber wir müssen anfangen. Selbst wenn wir einen anderen Planeten finden würden, wollen wir dieselben Probleme dieser Welt auf einen anderen Planeten übertragen? Wollen wir, wenn es wirklich nicht-irdische Völker gibt, diese mit unseren Problemen belasten? Wenn ich nicht von dieser Welt wäre, würde ich ganz ehrlich einen riesigen Bogen um diesen Planeten machen, denn jede Kultur, das Volk, jede Rasse hat ihre eigenen Schwierigkeiten auf ihrer Welt; möchte ich mir da noch die Schwierigkeiten einer anderen Welt aufbürden?

Es liegt an uns, zu entscheiden, wie wir auf diesem Planeten leben wollen und v. a., wenn es wirklich nicht-menschliche Wesen gibt, wie wir ihnen gegenübertreten wollen, denn gerade in den letzten Jahren versuchen viele, durch radikale Aktionen etwas zu bewirken (was wohl eher ins Gegenteil umschlägt als das zu bewirken, was diese Menschen gerne hätten).

Bildquellennachweis:

Der Autor

Holger Hennersdorf wurde 1969 in Berlin-Schöne-
berg geboren und wuchs in der schönen Hanse-
stadt Hamburg auf, wo er die Schule besuchte und
bis heute wohnt. Als gelernter Fernmeldehand-
werker und mittlerweile Fernmeldesekretär ist er
im technischen Dienst der Deutschen Telekom AG
tätig und brennt für das Thema Umweltschutz.
Der Kampf gegen den Klimawandel ist dem Autor
ein Herzensanliegen und er verfolgt mit großer
Leidenschaft die neuesten Entwicklungen in
diesem Bereich mit. Er ist computeraffin und ein
ausgesprochener Hundefreund und wenn er nicht
gerade technisch-kreativ tätig ist, genießt er aus-
gedehnte Spaziergänge.

novum VERLAG FÜR NEUAUTOREN

Der Verlag

Wer aufhört besser zu werden, hat aufgehört gut zu sein!

Basierend auf diesem Motto ist es dem novum Verlag ein Anliegen, neue Manuskripte aufzuspüren, zu veröffentlichen und deren Autoren langfristig zu fördern. Mittlerweile gilt der 1997 gegründete und mehrfach prämierte Verlag als Spezialist für Neuautoren in Deutschland, Österreich und der Schweiz.

Für jedes neue Manuskript wird innerhalb weniger Wochen eine kostenfreie, unverbindliche Lektorats-Prüfung erstellt.

Weitere Informationen zum Verlag und seinen Büchern finden Sie im Internet unter:

www.novumverlag.com

—